hänssler

Mit Freude widme ich dieses Buch
meiner Assistentin Karen Hill.
Danke für tausende Stunden selbstlosen Dienstes.

MAX LUCADO

Das
Haus
Gottes

Ein Zuhause für Ihr Herz

Max Lucado, geb. in West Texas, ist Pastor an der Oak Hills Church of Christ in San Antonio/Texas. Seine Titel sind ständig auf den Bestsellerlisten in den USA zu finden. Auch im deutschsprachigen Europa hat er durch seinen außergewöhnlichen, mitempfindenden Schreibstil viele begeisterte Leser. Die Zeitschriften »Christianity Today« zählt ihn zu den besten christlichen Autoren Amerikas. Er ist verheiratet, Vater von drei Töchtern und Autoren mehrerer Bücher.

4. Auflage 2007
Hänssler-Hardcover
Bestell-Nr. 394.101
ISBN 978-3-7751-4101-7

© Copyright der deutschen Ausgabe 2004 by
Hänssler Verlag, D-71087 Holzgerlingen
Internet: www.haenssler.de
E-Mail: info@haenssler.de
Umschlaggestaltung: Ingo C. Riecker
Titelbild: Fotograf: Ingo C. Riecker
Die Bildrechte wurden sorgfältig recherchiert, konnten aber nicht zweifelsfrei festgestellt werden. Für Hinweise ist der Verlag dankbar.
Satz: AbSatz, Hamburg
Druck und Bindung: Ebner & Spiegel, Ulm
Printed in Germany

Die Bibelstellen wurden nach Neues Leben. Die Bibel, © Copyright der deutschen Ausgabe 2002 und 2005 by Hänssler Verlag, D-71087 Holzgerlingen und Lutherbibel, revidierter Text 1984, durchgesehene Ausgabe in neuer Rechtschreibung, © 1999 Deutsche Bibelgesellschaft, Stuttgart, zitiert.

Inhalt

Dank

Den folgenden Personen bin ich zu Dank verpflichtet, weil sie mir beim Schreiben dieses Buches geholfen haben, ja, weil sie mich dabei ertragen, immer wieder ermuntert und/oder Nachsicht mit mir geübt haben.

Liz Heany – Ein weiteres Buch, ein weiteres Jahr, und es macht immer wieder Spaß.

Den Ältesten und Mitarbeitern der Oak Hills Church – Jetzt bin ich wieder mehr für euch da! Danke, dass ihr mich abgeschirmt habt.

Der Oak Hills Church – Danke für zehn Jahre (!) Freude.

Steve und Cheryl Green – Ich weiß nicht, womit ich Freunde wie euch verdient habe, aber ich bin einfach froh, dass es euch gibt.

All meinen Freunden bei Word/Thomas Nelson – Ein herzliches Dankeschön für eure gute Arbeit!

All meinen Pastorenkollegen, die meine Texte als Ideen für ihre Predigten nutzen – Ich wünsche euch Kraft! Ihr habt eine Pause verdient.

Laura Kendall – Alle Achtung vor deinen Korrekturen! Danke für deine Hilfe!

Steve Halliday – Für das Schreiben der Anleitung zum Studium.

Und meinen Lesern – Einigen von Ihnen begegne ich zum ersten, anderen zum zwölften Mal. Sie sind so freundlich, mich in Ihr Haus einzuladen. Ich werde mein Möglichstes tun, um nicht länger zu bleiben, als ich als Gast willkommen bin.

Und schließlich meiner Frau Denalyn – Ich glaube, du kannst sagen, dass ich dich ein wenig liebe. Jede Minute an jedem Tag ein wenig mehr. (Alles Gute zum Vierzigsten, Schatz!)

— Kapitel 1 —

Das Haus Gottes
Ein Zuhause für Ihr Herz

**Eine einzige Bitte habe ich an den Herrn.
Ich sehne mich danach, solange ich lebe,
im Haus des Herrn zu sein.
Psalm 27,4**

Ich würde mich gerne mit Ihnen über Ihr Haus unterhalten. Treten wir durch die Haustür und machen einen Rundgang. Von Zeit zu Zeit ist eine Hausbesichtigung ratsam, wissen Sie – das Dach auf undichte Stellen überprüfen, die Mauern nach Schwachstellen und das Fundament nach Rissen absuchen. Wir werden nachsehen, ob Ihre Küchenschränke gefüllt sind, und werfen einen Blick auf die Bücher in den Regalen Ihres Studierzimmers.

Was ist los? Sie finden es komisch, dass ich Ihr Haus ansehen möchte? Sie dachten, dies sei ein Buch über geistliche Themen? Das ist es auch. Verzeihen Sie mir, ich hätte mich deutlicher ausdrücken sollen: Ich spreche nicht über Ihr sichtbares Haus aus Stein, Holz oder Stroh, sondern über Ihr unsichtbares Haus aus Gedanken, Wahrheiten, Überzeugungen und Hoffnungen. Ich spreche über Ihr geistliches Haus.

Sie haben nämlich eines. Und es ist kein gewöhnliches Haus. Dieses Haus übertrifft Ihre kühnsten Vorstellungen. Ein großartiges Schloss wurde für Ihr Herz gebaut. Wie ein sichtbares Haus da ist, um dem Körper Schutz zu gewähren, so ist das geistliche Haus für Ihre Seele da.

Sie haben noch nie ein stabileres Haus gesehen: Das Dach wird nie undicht, die Mauern bekommen nie einen Riss, das Fundament wankt nie.

Sie haben nie ein herrlicheres Schloss gesehen: Die Sternwarte wird Sie in Erstaunen versetzen, die Kapelle wird Sie demütig machen, im Studierzimmer werden Sie Wegweisung und in der Küche Nahrung erhalten.

Haben Sie schon einmal in einem solchen Haus gelebt? Vermutlich nicht. Wahrscheinlich haben Sie bisher wenig über eine Wohnung für Ihre Seele nachgedacht. Wir bauen klug durchdachte Häuser für unseren Körper, doch unsere Seele wird in eine baufällige Hütte verbannt, durch die der kalte Nachtwind pfeift und in die es hereinregnet. Ist es da verwunderlich, dass es in der Welt so viele kalte Herzen gibt?

So muss es nicht sein. Wir müssen nicht draußen wohnen. Es ist nicht Gottes Plan, dass Ihr Herz als Nomade umherstreift. Gott will nicht, dass Sie in der Kälte bleiben, sondern dass Sie zu ihm hereinkommen und bei ihm wohnen. Unter seinem Dach ist Platz. An seinem Tisch ist für Sie gedeckt. In seinem Wohnzimmer gibt es einen Sessel, der nur für Sie dort steht. Er möchte, dass Sie in seinem Haus Ihr Zuhause finden. Warum möchte er, dass Sie bei ihm wohnen?

Ganz einfach, weil er Ihr Vater ist.

Sie wurden dazu bestimmt, im Haus Ihres Vaters zu wohnen. Jeder Ort, der weniger bietet, ist unzulänglich. Jeder Ort, der fern von ihm ist, ist gefährlich. Nur das Heim, das für Ihr Herz gebaut wurde, kann Ihr Herz schützen. Und Ihr Vater will, dass Sie *in* ihm wohnen. Nein, Sie haben sich bei diesem Satz nicht verlesen und ich habe mich nicht verschrieben. Ihr Vater bittet Sie nicht nur, *bei* ihm zu wohnen, er bittet Sie, *in* ihm zu leben. Wie Paulus sagte: »In ihm leben, handeln und sind wir« (Apostelgeschichte 17,28).

Glauben Sie nicht, dass Sie von Gott getrennt sind, er ganz oben auf einer hohen Leiter und Sie ganz unten. Hören Sie nicht auf irgendwelche Gedanken, die Ihnen einflüstern, dass Gott auf einem fernen Stern wohnt, während Sie auf der Erde leben. Da Gott Geist ist (Johannes 4,24), ist er Ihnen nahe: Gott selbst ist unser Dach. Gott selbst ist unsere Mauer. Und Gott selbst ist unser Fundament.

Mose wusste das. »Herr«, betete er, »du bist unsere Wohnung gewesen von Geschlecht zu Geschlecht« (Psalm 90,1; unrevidierte Eberfelder Übersetzung). Was für eine Vorstellung: Gott ist Ihre Wohnung! Ihre Wohnung ist der Ort, an dem Sie Ihre Schuhe wegschleudern, wo Sie mit den Fingern essen können, wenn Ihnen danach zu Mute ist, wo es Ihnen egal ist, wenn man Sie im Schlafanzug sieht. Ihre Wohnung ist Ihnen vertraut. Niemand braucht Ihnen zu sagen, wo Ihr Schlafzimmer liegt, niemand muss Ihnen den Weg zur Küche zeigen. Nach den Mühen des Tages finden Sie es beruhigend, an einen Ort zu kommen, den Sie kennen. Gott kann Ihnen ebenso vertraut sein. Mit der Zeit werden Sie lernen, wohin Sie sich wenden können, wenn Sie Nahrung, Schutz oder Führung brauchen. Wie Ihr irdisches Haus eine Zufluchtsstätte ist, so ist Gottes Haus ein Ort des Friedens. Gottes Haus wurde noch nie geplündert, seine Mauern wurden noch nie eingerissen.

Gott kann Ihr Wohnort sein.

Gott *will* Ihr Wohnort sein. Er ist nicht daran interessiert, ein Wochenend-Unterschlupf oder ein Sonntags-Bungalow oder ein Sommerhäuschen zu sein. Denken Sie nicht, Sie könnten Gott als Ferienwohnung oder eines Tages als Altersheim benutzen. Er will Sie jetzt und immer unter seinem Dach haben. Er will Ihre Anschrift, Ihre feste Adresse sein; er will Ihr Zuhause sein. Hören Sie auf das Versprechen seines Sohnes: »Wer mich liebt, wird tun, was ich sage. Mein Vater wird ihn lieben, und wir werden zu ihm kommen und bei ihm wohnen« (Johannes 14,23).

Für viele ist dieser Gedanke neu. Wir stellen uns Gott als den Allmächtigen vor, über den man sprechen, aber nicht als einen Ort, an dem man wohnen kann. Wir stellen uns Gott als einen geheimnisvollen Wundertäter vor, aber nicht als ein Haus, in dem man leben kann. Wir denken an Gott als den Schöpfer, an den wir uns wenden, aber nicht als ein Haus, in dem wir wohnen können. Doch unser Vater will viel mehr sein. Er will der sein, in dem wir »leben, handeln und sind« (Apostelgeschichte 17,28). Als Gott die Kinder Israel durch die Wüste führte, erschien er nicht nur einmal am Tag und ließ sie dann alleine. Die Feuersäule war die ganze Nacht über da, die Wolke den ganzen Tag. Unser Gott verlässt uns nie. »Ich bin immer bei euch«, hat er versprochen (Matthäus 28,20). Unser Glaube macht eine Art Quantensprung, wenn wir die ständige Anwesenheit des Vaters verstehen. Unser Gott ist das Feuer unserer Nacht und die Wolke unseres Tages. Er verlässt uns nie.

Der Himmel kennt keinen Unterschied zwischen Sonntagmorgen und Mittwochnachmittag. Gott möchte am Arbeitsplatz so deutlich zu uns sprechen wie im Gottesdienst. Er möchte geehrt werden, wenn wir beim Abendessen sitzen, und nicht nur, wenn wir zum Abendmahl kommen. Vielleicht denken Sie tagelang nicht an ihn, aber es vergeht kein Augenblick, in dem er nicht an Sie denkt.

Wenn uns dies klar ist, verstehen wir das unerbittliche Ziel, das Paulus setzt: »Wir zerstören ... Gedanken und alles Hohe, das sich erhebt gegen die Erkenntnis Gottes, und nehmen gefangen alles Denken in den Gehorsam gegen Christus« (2. Korinther 10,5; Luther). Dann können wir auch verstehen, warum er uns auffordert: »Hört nicht auf zu beten« (1. Thessalonicher 5,17), »Hört niemals auf zu beten« (Römer 12,12), »Betet immer und in jeder Situation mit der Kraft des Heiligen Geistes« (Epheser 6,18), »Durch Jesus wollen wir Gott zu jeder Zeit danken, indem wir ihn loben« (Hebräer 13,15) und »Hört nicht auf zu beten und Gott zu danken« (Kolosser 4,2).

David, der Mann nach Gottes Herzen, sagte: »Eine einzige Bitte habe ich an den Herrn. Ich sehne mich danach, solange ich lebe, im Haus des Herrn zu sein, um seine Freundlichkeit zu sehen und in seinem Tempel still zu werden. Denn er wird mich aufnehmen, wenn schlechte Zeiten kommen und mir in seinem Heiligtum Schutz geben« (Psalm 27,4-5). Was ist dieses Haus Gottes, das David sucht? Beschreibt David ein sichtbares

Bauwerk? Sehnt er sich nach einem Gebäude mit vier Wänden und einer Tür, durch die er eintreten kann, durch die er aber nie mehr hinausgehen muss? Nein. »Gott ... wohnt nicht in Tempeln, die Menschen erbaut haben« (Apostelgeschichte 17,24). Wenn David sagt: »Ich werde für immer im Hause des Herrn wohnen« (Psalm 23,6), dann sagt er nicht, dass er die Menschen verlassen will. Er sagt, dass er sich nach Gottes Gegenwart sehnt, wo immer er auch ist.

David sehnt sich danach, in Gottes Haus zu sein.

Ich weiß, was Sie jetzt denken: *Sicher, Max, aber das war David. Er war der Dichter, der Thronfolger und der Bezwinger eines Riesen. Er brauchte sich nicht um Fahrgemeinschaften und Windeln kümmern oder mit einem Chef zurechtkommen, der Termine ausspuckt wie ein Drache das Feuer. Ich würde auch gerne in Gottes Haus wohnen, aber zurzeit sitze ich in der* wirklichen *Welt fest.*

Verzeihen Sie, ich erlaube mir, anderer Meinung zu sein. Sie sitzen nicht in der wirklichen Welt fest. Ganz im Gegenteil, Sie sind nur einen Schritt vom Haus Gottes entfernt. Egal, wo Sie sind. Egal wann. Ob Sie am Donnerstag im Büro oder am Samstag beim Fußballtraining sind, von der Gegenwart Ihres Vaters trennt Sie nur eine Entscheidung. Sie brauchen das Haus Gottes nie zu verlassen. Sie brauchen Ihre Postleitzahl und Ihren Wohnbezirk nicht zu wechseln; alles, was Sie ändern müssen, ist Ihre Wahrnehmung.

Wenn Sie mit Ihrem Auto in einem Stau stehen, können Sie in die Kapelle eintreten. Wenn eine plötzliche Versuchung Ihren Schritt unsicher macht, treten Sie hinter die Mauer seiner Kraft. Wenn die Kollegen Sie abqualifizieren, setzen Sie sich neben Ihren Vater aufs Sofa; er wird Sie trösten. Denken Sie daran, dies ist kein Haus aus Stein. Sie finden es nicht auf einer Landkarte und es ist auch nicht im Prospekt eines Immobilienmaklers beschrieben.

Aber Sie finden es in Ihrer Bibel. Sie haben den Plan schon gesehen. Sie haben die Namen, die über den Räumen stehen, gelesen, Sie sind mit dem Entwurf vertraut. Doch wahrscheinlich haben Sie nie daran gedacht, dass es der Plan eines Hauses ist. Sie hielten die Verse für ein Gebet.

Und das sind sie auch. Ich spreche vom Vaterunser. Es wäre wohl schwierig, jemanden zu finden, der das Gebet nie gesprochen oder diese Worte nie gelesen hat.

Unser Vater im Himmel,
Geheiligt werde dein Name.
Dein Reich komme,
Dein Wille geschehe,
Wie im Himmel so auf Erden.
Unser tägliches Brot gib uns heute.
Vergib uns unsere Schuld,
Wie auch wir vergeben unseren Schuldigern.
Führe uns nicht in Versuchung,
sondern erlöse uns von dem Bösen.
Denn dein ist das Reich und die Kraft und
die Herrlichkeit in Ewigkeit.
Amen.
Matthäus 6,9-13

Kinder lernen es auswendig. Gottesdienstbesucher sagen es auf. Theologiestudenten analysieren es ... Aber ich lade Sie ein, etwas anderes damit zu tun. Ich möchte, dass wir darin leben ... dass wir es als den Grundriss unseres geistlichen Hauses ansehen. Mit diesen Versen hat Jesus uns mehr als ein Mustergebet gegeben, er hat uns ein Muster für unser Leben aufgezeigt. Diese Worte sagen uns nicht nur, was wir Gott sagen sollen; sie sagen uns, wie wir mit Gott leben können. Diese Worte beschreiben ein großartiges Haus, in dem Gottes Kinder leben sollen ... mit ihm, für immer.

Möchten Sie sich darin umsehen? Ich auch. Ich weiß, wo wir am besten beginnen. Im Wohnzimmer hängt ein Bild an der Wand. Der Hausbesitzer hält es in Ehren. Alle, die eintreten, bittet er, zuerst das Bild anzuschauen und die Wahrheit über den Vater kennen zu lernen.

Kapitel 2

Das Wohnzimmer

Wenn Ihr Herz einen Vater braucht

Unser Vater ...

»Unser Vater im Himmel ...« Mit diesen Worten begleitet uns Jesus in das Haus Gottes. Folgen wir ihm? Dort gibt es so viel zu sehen. Jeder Raum offenbart etwas von seinem Herzen, jeder Halt bringt Ihrer Seele Ruhe. Kein Raum ist so wichtig wie der erste, den wir jetzt betreten. Folgen Sie ihm, wenn er Sie in Gottes Wohnzimmer führt.

Setzen Sie sich auf den Stuhl, der für Sie gemacht wurde, und wärmen Sie Ihre Hände an dem Feuer, das nie verlöscht. Nehmen Sie sich die Zeit, die gerahmten Bilder anzuschauen, und suchen Sie die heraus, auf denen Sie selbst zu sehen sind. Nehmen Sie das Album in die Hand und suchen die Geschichte Ihres Lebens. Aber bitte, zuallererst stehen Sie auf und betrachten das Gemälde an der Wand.

Ihr Vater hält es in Ehren. Er hat es so aufgehängt, dass es jeder sehen kann.

Auch wenn Sie sich tausendmal vor dieses Bild stellen, kommt es Ihnen jedes Mal so neu vor wie beim ersten Mal. Auch wenn Millionen Menschen die Leinwand betrachten, wird jeder sich selbst darauf erkennen. Und jeder hat Recht.

Eine zärtliche Szene von einem Vater und seinem Sohn wurde auf dem Bild festgehalten. Im Hintergrund steht ein großes Haus auf einer Anhöhe. Zu Füßen der beiden liegt ein schmaler Pfad. Der Vater ist vom Haus heruntergeeilt. Der Sohn hat sich mühsam den Weg hochgeschleppt. Die beiden haben sich hier am Tor getroffen.

Wir können das Gesicht des Sohnes nicht sehen; es ist in der Brust des Vaters vergraben. Nein, sein Gesicht können wir nicht sehen, aber wir sehen seine zerlumpte Kleidung und sein strähniges Haar. Wir sehen den Lehm an seinen Schuhen, seine schmutzige Kleidung und die leere Geldbörse auf der Erde. Ursprünglich war die Börse voller Geld. Und der Junge voller Stolz. Aber das ist ein paar Dutzend Kneipen her. Jetzt sind Geld und Stolz aufgezehrt. Der Verlorene Sohn hat kein Geschenk und keine Entschuldigung zu bieten. Alles, was er zu bieten hat, ist der Geruch von Schweinen und eine einstudierte Entschuldigung: »Vater, ich habe gesündigt gegen den Himmel und auch gegen dich, und bin es nicht mehr wert, dein Sohn zu heißen« (Lukas 15,21).

Er fühlt sich seines Geburtsrechts unwürdig. »Degradiere mich. Bestrafe mich. Entferne meinen Namen vom Briefkasten und meine Initialen aus dem Stammbaum. Ich bin bereit, auf meinen Platz an deinem Tisch zu verzichten.« Der Junge gibt sich damit zufrieden, ein Lohnarbeiter zu werden. Es gibt nur noch ein Problem: Obwohl der Junge bereit ist, kein Sohn mehr zu sein, ist der Vater nicht bereit, kein Vater mehr zu sein.

Auf dem Gemälde können wir zwar das Gesicht des Jungen nicht erkennen, doch dafür sehen wir das Gesicht des Vaters umso deutlicher. Tränen glänzen auf den gegerbten Wangen, ein Lächeln scheint durch den silbrigen Bart. Mit einem Arm stützt er den Sohn, damit er nicht fällt, mit dem anderen drückt er den Jungen an sein Herz, damit er nicht zweifelt.

»Schnell!«, ruft er. »Bringt die besten Kleider im Haus und zieht sie ihm an! Holt einen Ring für seinen Finger und Sandalen für seine Füße! Und schlachtet das Kalb, das wir im Stall gemästet haben, denn mein Sohn hier war tot und ist ins Leben zurückgekehrt. Er war verloren, aber nun ist er wieder gefunden« (Lukas 15,22-24).

Wie müssen diese Worte den jungen Mann verblüfft haben. »*Mein Sohn* war tot ...« Er dachte, er hätte seinen Platz in seinem

Elternhaus verloren. Hat er denn nicht seinen Vater verlassen? Hat er nicht sein Erbe verprasst? Der Junge nahm an, er habe seine Stellung als Sohn verwirkt. Der Vater gibt jedoch nicht so leicht auf. Seiner Meinung nach ist der Sohn immer noch ein Sohn. Das Kind war zwar aus dem Haus gezogen, aber es war nie aus dem Herzen des Vaters gezogen. Das Kind hatte vielleicht den Tisch verlassen, aber es hatte nie die Familie verlassen. Verstehen Sie diese Botschaft richtig. Sie sind vielleicht bereit, nicht mehr Gottes Kind zu sein. Aber Gott ist nicht bereit, nicht mehr Ihr Vater zu sein.

Unser Abba

Vater ist Gottes Lieblingsname. Wir wissen, dass er diesen Namen am liebsten hat, weil er ihn am häufigsten gebrauchte. Während seines Lebens auf der Erde hat Jesus über zweihundertmal Gott »Vater« genannt. In seinen ersten aufgezeichneten Worten erklärte Jesus: »Ihr hättet doch wissen müssen, dass ich im Haus meines Vaters bin« (Lukas 2,49). In seinem letzten Gebet ruft er: »Vater, ich lege meinen Geist in deine Hände« (Lukas 23,46). Allein im Johannesevangelium wiederholt Jesus 156-mal diesen Namen. Gott will gerne Vater genannt werden. Jesus hat uns schließlich gelehrt, unser Gebet mit »Unser Abba« zu beginnen.

Für uns ist es schwer zu verstehen, wie revolutionär es war, dass Jesus Jahwe »*Abba*« nannte. Was uns heutzutage geläufig ist, war zur Zeit Jesu unerhört. Der Neutestamentler Joachim Jeremias beschreibt, wie selten der Begriff gebraucht wurde:

Mit Hilfe meiner Assistenten untersuchte ich die Gebetsliteratur des frühen Judentums ... Das Ergebnis dieser Untersuchung war, dass nirgends in dieser immensen Literatur die Anrufung Gottes als »*Abba*, Vater« gefunden wurde. *Abba* war ein alltägliches Wort. Es war ein schlichtes Familienwort. Kein Jude hätte gewagt, Gott in dieser Weise anzusprechen, doch Jesus tat es immer, in allen seinen Gebeten, die uns überliefert sind, mit einer einzigen Ausnahme: dem Schrei am Kreuz »Mein Gott, mein Gott, warum hast du mich verlassen?« Im Vaterunser erlaubt Jesus seinen Jüngern, ihm das Wort *Abba* nachzusprechen. Er gibt ihnen Anteil an seiner Stellung als Sohn. Er ermächtigt seine Jünger, mit ihrem himmlischen Vater in einer solch vertrauten und vertrauensvollen Weise zu sprechen.[1]

Schon die ersten beiden Worte des Vaterunsers sind bedeutungsvoll. *»Unser Vater«* erinnert uns daran, dass wir in Gottes Haus willkommen sind, weil wir vom Hausherrn adoptiert wurden.

Gottes Ziel: unsere Adoption

Wenn wir zu Christus kommen, vergibt Gott uns nicht nur, er adoptiert uns auch. Durch eine Reihe dramatischer Ereignisse werden wir von verurteilten Waisen, die keine Hoffnung haben, in adoptierte Kinder, die ohne Furcht sind, verwandelt. Sie treten voll Auflehnung und mit Fehlern beladen vor den Richterstuhl Gottes. Wegen seiner Gerechtigkeit kann er nicht über Ihre Sünde hinweggehen, aber wegen seiner Liebe kann er Sie nicht fortjagen. In einer Tat, die sogar die Himmel verblüffte, bestrafte er sich selbst am Kreuz für Ihre Sünden. Dadurch wurde Gottes Gerechtigkeit und Gottes Liebe in gleicher Weise Genüge getan. Und Ihnen, Gottes Geschöpf, wurde vergeben. Doch die Geschichte endet nicht mit Gottes Vergebung.

»Deshalb verhaltet euch nicht wie ängstliche Sklaven. Wir sind doch Kinder Gottes geworden und dürfen ihn ›Abba, Vater‹ rufen. Denn der Geist Gottes selbst bestätigt uns tief im Herzen, dass wir Gottes Kinder sind« (Römer 8,15-16).

»Doch als der festgesetzte Zeitpunkt da war, sandte Gott seinen Sohn, geboren von einer Frau und dem Gesetz unterstellt. Gott sandte ihn, um uns aus der Gefangenschaft des Gesetzes freizukaufen und als seine Kinder anzunehmen« (Galater 4,4-5).

Es wäre genug, wenn Gott nur den guten Ruf Ihres Namens wiederhergestellt hätte, doch er tut mehr. Er gibt Ihnen *seinen* Namen. Es wäre genug, wenn Gott Sie nur freigemacht hätte, aber er tut mehr. Er bringt Sie nach Hause. Er bringt Sie heim in das Haus Gottes.

Adoptiveltern verstehen das am besten. Ich möchte damit bestimmt leibliche Eltern nicht kränken – ich gehöre ja auch zu ihnen. Wir leiblichen Eltern kennen die große Sehnsucht nach einem Kind. Und unser Kinderwunsch wurde erfüllt. Wir entschieden uns für ein Kind und das Kind wurde geboren. Manchmal kam das Kind auch ohne unsere Entscheidung. Ich habe von ungeplanten Schwangerschaften gehört, aber noch nie von einer ungeplanten Adoption.

Deshalb verstehen Adoptiveltern Gottes glühenden Wunsch, uns zu adoptieren, so gut. Sie kennen das Gefühl, dass tief im Inneren ein leerer Platz ist. Sie wissen, was es bedeutet, unermüdlich zu suchen, sich etwas fest vorzunehmen und die Verantwortung für ein Kind mit schwieriger Vergangenheit und zweifelhafter Zukunft zu übernehmen. Wenn irgendjemand Gottes Leidenschaft für seine Kinder versteht, dann jemand, der ein Waisenkind aus der Hoffnungslosigkeit gerettet hat, denn genau das hat Gott für uns getan.

Gott hat Sie adoptiert. Gott suchte Sie, fand Sie, unterschrieb die Papiere und nahm Sie mit nach Hause.

Gottes Beweggrund: innige Zuneigung

Als Pastor kann ich die Gefühle bei einer Adoption manchmal aus nächster Nähe miterleben. Einmal rief mich eine Dame an, die weit weg wohnte, mich aber einmal sprechen gehört hatte, und fragte mich, ob ich Eltern kenne, die gern ein Kind adoptieren würden. Ihre schwangere Tochter suche nach einem

Zuhause für ihr ungeborenes Kind. Ich brachte sie mit einer Familie aus unserer Gemeinde in Verbindung und konnte das Geschehen unmittelbar miterleben.

Ich sah die Freude über diese Aussicht und den Kummer beim Auftauchen von Hindernissen. Ich beobachtete die Bestimmtheit im Blick des Vaters und die Entschlossenheit in den Augen der Mutter. Sie würden jede noch so weite Reise auf sich nehmen und jeden Dollar, den sie hatten, ausgeben. Sie wollten dieses Kind adoptieren. Und sie taten es. Nur wenige Augenblicke nach seiner Geburt wurde das Baby in ihre Arme gelegt. Und ich übertreibe nicht: Sie strahlten noch einen ganzen Monat lang, nachdem sie ihren Sohn nach Hause gebracht hatten. Wenn ich sie im Foyer unserer Kirche traf, strahlten sie. Wenn ich sie auf dem Parkplatz sah, strahlten sie. Von der Kanzel aus konnte ich im Gottesdienst beobachten, wie sie ihr Baby wiegten und strahlten. Ich glaube, selbst wenn ich über die Qualen der Hölle gepredigt hätte, hätten sie bei jedem Satz gestrahlt. Warum? Weil das Kind, nach dem sie sich gesehnt hatten, zu ihnen gekommen war.

Stellt sich die Frage: Warum hat dieses Paar das Kind überhaupt adoptiert? Ihre Ehe war glücklich. Sie lebten in finanziell gesicherten Verhältnissen, beide hatten eine Arbeitsstelle. Was erhofften sie sich? Adoptierten sie das Baby, um etwas mehr Geld oder mehr Schlaf zu bekommen? Natürlich nicht! In dem Augenblick, in dem sie das Kind nach Hause brachten, hatten sie von beidem weniger. Warum also? Warum adoptieren Leute Kinder? Während Sie darüber nachdenken, möchte ich Ihnen sagen, warum Gott es tut.

Freuen Sie sich an diesen Worten:

»Schon vor Erschaffung der Welt hat Gott uns aus Liebe dazu bestimmt, vor ihm heilig zu sein und befreit von Schuld. Von Anfang an war es sein unveränderlicher Plan, uns durch Jesus Christus als seine Kinder aufzunehmen, *und an diesem Beschluss hatte er viel Freude*« (Epheser 1,4-5).

Und Sie dachten, Gott habe Sie adoptiert, weil Sie gut aussehen. Sie dachten, er brauche Ihr Geld oder Ihre Intelligenz. Tut
mir Leid. Gott hat Sie einfach adoptiert, weil er es so wollte. Er
wollte Sie und hatte Freude an Ihnen. Er wusste genau, welche Belastung Sie sein würden und welchen Preis er bezahlen
müsste, als er seinen Namen neben Ihren Namen schrieb, als er
Ihnen seinen Namen gab und Sie nach Hause brachte. Ihr *Abba*
adoptierte Sie und wurde Ihr Vater.

Darf ich jetzt eine kurze Pause einlegen? Die meisten von Ihnen
stimmen mir zu ... doch einige schütteln den Kopf. Ich sehe ein
paar argwöhnische Blicke. Sie glauben mir nicht, stimmt's? Sie
warten auf das Kleingedruckte. Es muss ein fauler Trick dabei
sein. Sie wissen, dass man im Leben nichts geschenkt bekommt,
also warten Sie auf die Rechnung.

Ihr Unbehagen liegt auf der Hand. Sogar hier, in Gottes
Wohnzimmer entspannen Sie nie richtig. Andere machen es
sich in Hausschuhen bequem, Sie rücken Ihre Krawatte zurecht.
Die anderen spannen aus, Sie bleiben angespannt. Sie versuchen, immer Ihr bestes Benehmen an den Tag zu legen, immer
auf der Hut zu sein, ja keinen Fehler zu machen, denn Gott
würde ihn entdecken, und dann müssten Sie gehen.

Ich verstehe Ihre Furcht. Unsere Erfahrung mit anderen
Menschen hat uns gelehrt, dass das, was versprochen wird,
und das, was man tatsächlich bekommt, nicht immer das Gleiche ist. Für manche ist der Gedanke, einem himmlischen Vater zu vertrauen, doppelt schwierig, weil ihr irdischer Vater sie
enttäuscht oder schlecht behandelt hat.

Wenn dies der Fall ist, bitte ich Sie inständig: Verwechseln
Sie Ihren himmlischen Vater nicht mit den Vätern, die Sie auf
der Erde sehen. Ihr Vater im Himmel bekommt keine Kopfschmerzen und keine schlechte Laune. Er hält sie nicht an einem Tag im Arm und schlägt sie am nächsten. Der Mann, der
Ihr Vater ist, treibt möglicherweise solche Spielchen, aber Gott,
der Sie liebt, tut das nie. Soll ich es Ihnen beweisen?

Gottes Weg: unsere Erlösung

Kehren wir zu den Versen zurück, die Ihre Adoption beschreiben. Lesen Sie sie ein zweites Mal.

»Deshalb verhaltet euch nicht wie ängstliche Sklaven. Wir sind doch Kinder Gottes geworden und dürfen ihn ›Abba, Vater‹ rufen. Denn der Geist Gottes selbst bestätigt uns tief im Herzen, dass wir Gottes Kinder sind« (Römer 8,15-16).

»Doch als der festgesetzte Zeitpunkt da war, sandte Gott seinen Sohn, geboren von einer Frau und dem Gesetz unterstellt. Gott sandte ihn, um uns aus der Gefangenschaft des Gesetzes freizukaufen und als seine Kinder anzunehmen« (Galater 4,4-5). Fällt Ihnen etwas auf? Wir haben nichts zu unserer Adoption beigetragen. Paulus sagt nicht: »Ihr habt eure Annahme als Kind verdient.« Er hätte das wohl schreiben können, aber wir hätten es ihm wahrscheinlich nicht abgenommen. Wir beide wissen, dass man sich eine Adoption nicht verdienen kann, man bekommt sie geschenkt. Wenn man in eine Familie aufgenommen wird, so geschieht das nicht aufgrund einer Leistung, die man erbracht hat, sondern es ist ein Geschenk, das man annimmt.

Die Eltern sind diejenigen, die Schritte unternehmen. Adoptionsvermittlungsstellen bilden keine Kinder in der Anwerbung von Eltern aus; sie suchen Eltern, die Kinder adoptieren wollen. Die Eltern rufen an und füllen Papiere aus, ertragen Gespräche, in denen sie geprüft werden, zahlen Gebühren und nehmen die endlos scheinende Wartezeit auf sich. Können Sie sich vorstellen, dass angehende Adoptiveltern sagen: »Wir möchten gerne den kleinen Hans adoptieren, aber erst wollen wir einige Dinge wissen. Hat er ein Haus, in dem er wohnen kann? Hat er Geld für seine Ausbildung? Bringt ihn jeden Morgen jemand zur Schule und hat er Kleidung für jeden Tag? Kann er sein Essen kochen und seine Wäsche in Ordnung halten?«

Keine Vermittlungsstelle würde sich solche Fragen ruhig anhören. Der zuständige Vertreter des Jugendamtes würde die Hand heben und sagen:»Moment mal. Sie verstehen nicht, worum es geht. Sie adoptieren den kleinen Hans nicht wegen der Dinge, die er hat; Sie adoptieren ihn, wegen der Dinge, die er braucht. Er braucht ein Zuhause.«

Das gilt auch für Gott. Er adoptiert uns nicht wegen der Dinge, die wir haben. Er gibt uns seinen Namen nicht wegen unserer Intelligenz, wegen unserer Brieftasche oder wegen unseres Wohlverhaltens. Paulus schreibt es zweimal, weil er ganz sicher sein will, dass wir verstehen: Adoption ist etwas, das wir geschenkt bekommen, nicht etwas, das wir verdienen.

Wie gut ist es, das zu wissen. Warum? Eine Frage macht es deutlich: Wenn wir unsere Adoption nicht durch unsere vorzüglichen Leistungen verdienen können, können wir sie dann durch unsere unzulängliche Leistung verlieren?

Als ich sieben Jahre alt war, riss ich von zu Hause aus. Ich hatte die Nase voll von den Regeln meines Vaters und beschloss, mein eigener Herr zu sein. Mit einigen Kleidungsstücken in einer Plastiktüte stürmte ich aus dem Hintereingang und marschierte die Straße hinunter. Wie der Verlorene Sohn beschloss ich, dass ich keinen Vater mehr brauchte. Anders als der Verlorene Sohn ging ich nicht weit fort. Am Ende der Straße fiel mir ein, dass ich Hunger hatte, und da kehrte ich eben nach Hause zurück ...

Obwohl meine Aufsässigkeit von kurzer Dauer war, handelte es sich doch um Aufsässigkeit. Und hätten Sie mich auf meinem Weg zwischen den Zäunen aufgehalten und nach meinem Vater gefragt, so hätte ich Ihnen wahrscheinlich meine Meinung gesagt. Vielleicht hätte ich verkündet:»Ich brauche keinen Vater. Ich bin zu groß für die Regeln meiner Familie. Ich brauche nur mich und meine Plastiktüte.« Ich erinnere mich nicht, dass ich das zu jemandem gesagt habe, aber ich habe es gedacht. Und ich erinnere mich auch, dass ich recht kleinlaut durch den Hintereingang wieder ins Haus zurückschlich und mich zum

Abendessen an den Tisch setzte, demselben Vater gegenüber, den ich kurz zuvor abgelehnt hatte.

Wusste er etwas von meinem Aufstand? Ich denke, ja. Wusste er von meiner Ablehnung? Väter wissen so etwas im Allgemeinen. War ich noch sein Sohn? Offensichtlich ja. (Niemand anderes saß auf meinem Platz.) Wären Sie nach einem Gespräch mit mir zu meinem Vater gegangen und hätten gefragt: »Herr Lucado, Ihr Sohn erklärt, dass er keinen Vater braucht. Betrachten Sie ihn immer noch als Ihren Sohn?«, was hätte mein Vater wohl geantwortet?

Über seine Antwort muss ich nicht lange nachdenken. Er nannte sich mein Vater, auch als ich mich nicht sein Sohn nannte. Seine Verpflichtung mir gegenüber war größer als meine Verpflichtung ihm gegenüber.

Ich hörte nicht den Hahn krähen wie Petrus. Ich fühlte nicht den Bauch des Fisches wie Jona. Ich bekam keinen Ring und keine neuen Schuhe wie der Verlorene Sohn. Aber ich lernte meinen irdischen Vater so kennen, wie diese drei ihren Vater im Himmel kennen lernten. Unser Gott ist kein Schönwetter-Vater. Er ist zuverlässig. Ich kann mich darauf verlassen, dass er auf meiner Seite steht, egal, wie ich mich verhalte. Auch Sie können sich darauf verlassen.

Darf ich Ihnen etwas zeigen? Schauen Sie auf die Worte, die unten auf dem Bild in goldenen Buchstaben zu lesen sind. Der Apostel Paulus hat sie niedergeschrieben, aber Ihr Vater hat sie ihm eingegeben.

»Nichts kann uns von seiner Liebe trennen. Weder Tod noch Leben, weder Engel noch Mächte, weder unsere Ängste in der Gegenwart noch unsere Sorgen um die Zukunft, ja nicht einmal die Mächte der Hölle können uns von der Liebe Gottes trennen, ... die in Christus Jesus, unserem Herrn, erschienen ist« (Römer 8,38-39).

Ihr Vater wird Sie nie wegschicken. Die Türen dieses Zimmers sind nie verschlossen. Lernen Sie es, im Wohnzimmer des Hauses Gottes zu verweilen. Wenn die Worte anderer Sie verletzen oder wenn Ihr eigenes Versagen Sie quält, dann treten Sie in diesen Raum. Betrachten Sie dieses Bild und denken Sie an Ihren Gott: Es ist richtig, ihn heilig zu nennen; wir sagen die Wahrheit, wenn wir ihn König nennen. Doch wenn Sie Gottes Herz anrühren wollen, benutzen Sie den Namen, den er so gerne hört. Nennen Sie ihn Vater.

Kapitel 3

Das Fundament

Wo Vertrauen beginnt

Vater unser, der du bist …

Das wichtigste Wort im Vaterunser ist ganz kurz. Passen Sie auf, dass Sie es nicht überlesen. Viele achten nicht darauf. Das Wort ist so unscheinbar, dass man es leicht übersieht, wenn man nicht aufpasst.

Ohne dieses Wort kann das Haus Gottes nicht stehen. Wenn man es wegnimmt, stürzt es ein.

Welches Wort ist es? Wo steht es? Es ist das Wort *bist*.

Es steht in der Gegenwartsform. Gott *ist*. Hier steht nicht: Unser Vater, der du *warst*. Auch nicht: Unser Vater, der du *sein wirst*. Unser Gott ist der Gott der Gegenwart. Und er ist das Fundament seines eigenen Hauses.

Der Mörtel des Glaubens

Ich schreibe diese Sätze in einem Flugzeug, einem verspäteten Flugzeug. Es ist nicht das Flugzeug, das ich gebucht habe. Der geplante Flug wurde wegen technischer Probleme gestrichen. Ein paar Dutzend nicht sehr glücklicher Fluggäste, darunter ich, wurden auf einen anderen Flug umgebucht. Beim Einchecken für den neuen Flug hörte ich viele meiner Mitreisenden das Bodenpersonal fragen: »Ist dieses Flugzeug in Ordnung? Gibt es technische Probleme mit der 747?« Wir stellten uns

natürlich einige Fragen, was die Flugtauglichkeit dieses Flie-
gers angeht, doch die Angestellten der Airline hatten keinerlei
Fragen zu unserer Flugtauglichkeit.

Nicht ein einziges Mal wurden wir gefragt: »Wie steht es mit
Ihnen? Können Sie fliegen? Können Sie mit Ihren Armen we-
deln und durch die Luft segeln?« Das wären ja auch lächerli-
che Fragen. Meine Flugfähigkeit ist nicht wichtig. Meine Kraft
zählt nicht. Ich verlasse mich darauf, dass das Flugzeug mich
nach Hause bringt.

Die Parallele fällt Ihnen sicherlich auf. Ihre Leistungen, wie
beeindruckend sie auch sein mögen, sind nicht wichtig. Ihre
Zeugnisse sind nebensächlich, auch wenn sie noch so hervor-
ragend sind. Gott ist das Fundament dieses Hauses. Die Schlüsselfrage im Leben lautet nicht: »Wie stark bin ich?«, sondern:
»Wie stark ist Gott?« Konzentrieren Sie sich auf seine Kraft,
nicht auf Ihre. Befassen Sie sich mit dem Wesen Gottes, nicht
mit der Größe Ihrer Muskeln.

Das tat Mose. Oder zumindest sagte Gott das (so oder so ähnlich) zu Mose. Erinnern Sie sich an das Gespräch beim brennenden Busch? Gleich im ersten Satz wurde der Ton angegeben.
»Zieh deine Schuhe von deinen Füßen; denn der Ort, darauf du
stehst, ist heiliges Land!« (2. Mose 3,5; Luther). Mit diesen wenigen Worten beginnt Gott, Mose zu unterweisen. Sofort werden die Rollen festgelegt. Gott ist heilig. Es ist zu anmaßend,
sich ihm auch nur auf einem Stückchen Leder zu nähern. Und
wenn wir weiter lesen, entdecken wir, dass keine Zeit damit
vergeudet wird, Mose davon zu überzeugen, was er tun kann,
dass aber viel Zeit damit verbracht wird, Mose zu erklären, was
Gott tun kann.

Wir neigen eher zum Gegenteil. Wir würden Mose erklären,
wie ausgezeichnet er dazu geeignet ist, nach Ägypten zurück-
zukehren. (Wer versteht die Kultur der Ägypter besser als ihr
ehemaliger Prinz?) Dann würden wir Mose daran erinnern, wie
ausgesprochen begabt er für das Reisen in der Wüste ist. (Wer
kennt die Wüste besser als ein Schafhirte?) Wir würden viel
Zeit dafür aufwenden, mit Mose seinen Lebenslauf und seine

Stärken durchzugehen. (Auf geht's, Mose! Du kannst es – versuch es!)

Doch Gott tut das nicht. Moses Stärke wird nie in Erwägung gezogen. Es gibt keine aufmunternden Worte und keinen lobenden Zuspruch. Mit keinem einzigen Wort wirbt Gott um Mose. Doch mit vielen Worten offenbart er sich selbst. Nicht Moses Kraft ist das Thema, sondern die Kraft Gottes.

Sollen wir kurz über die praktische Anwendung des Gesagten nachdenken? Wiederholen wir den letzten Satz und Sie füllen die leere Stelle aus. Ersetzen Sie den Namen Mose durch Ihren Namen.

Nicht die Kraft von _____ ist das Thema, sondern die Kraft Gottes.

Nicht Sie sind die Kraft, die das Flugzeug treibt, oder der Mörtel, der das Fundament zusammenhält. Das ist Gott. Ich weiß, dass Sie das in Ihrem Kopf wissen, aber wissen Sie es auch in Ihrem Herzen? Möchten Sie das gerne? Ich zeige Ihnen jetzt einige der Quadersteine, die dieses stattliche Haus tragen. Ich möchte Ihr Vertrauen auf Gottes Haus untermauern, indem ich Ihnen einige Namen Gottes nenne.

Was sagt ein Name?

Ein Verständnis für die Namen Gottes kann man nicht im Handumdrehen gewinnen – schließlich gibt es alleine im Alten Testament über achtzig Namen für Gott. Wenn Sie sich damit befassen wollen, empfehle ich Ihnen, mit ein paar zusammengesetzten Namen zu beginnen, die Menschen der Bibel Gott gegeben haben. Jeder dieser Namen betont eine andere Facette von Gottes Wesen.

Vermutlich fragen Sie sich, wie eine Untersuchung der Namen Gottes dabei helfen kann, Gott zu verstehen. Ich werde versuchen, es zu erklären. Stellen Sie sich vor, wir beide haben im Jahr 1978 ein Gespräch. Sie sprechen mich auf dem Gelände der Universität, an der ich studiere, an und fragen: »Kennst du

Denalyn Preston?« Ich antworte: »Warte mal. Ja, ich kenne Denalyn. Sie ist eine Bekannte von mir. Sie ist das hübsche Mädchen, das gerne Fahrrad fährt und im Overall zum Unterricht kommt.« (Das war damals alles, was ich von ihr wusste.)

Ein Jahr später. Jetzt sind wir in Miami, Florida, wo ich Pastor bin und wo Denalyn als Lehrerin arbeitet. »Kennst du Denalyn Preston?« »Natürlich. Sie ist eine Freundin von mir. Ich sehe sie jeden Sonntag.«

Wieder ein Jahr später. »Denalyn Preston? Sicher kenne ich sie. Sie himmelt mich an.« (Ich mache Spaß, Schatz.)

Noch einmal zwölf Monate später. »Wer kennt Denalyn Preston nicht?«, antworte ich. »Glaubst du, sie würde mal mit mir ausgehen?«

Sechs Monate später: »Natürlich kenne ich sie – ich denke die ganze Zeit an sie. Nächste Woche gehen wir wieder zusammen aus.«

Zwei Monate später: »Ob ich Denalyn Preston kenne? Im August heiraten wir!«

Jetzt ist es August 1981. »Kenne ich Denalyn Preston? Nein, aber ich kenne Denalyn *Lucado*. Sie ist meine Frau, und jetzt hör endlich auf, uns zu stören – wir sind auf Hochzeitsreise.«

Innerhalb von drei Jahren entwickelte sich meine Beziehung zu Denalyn. Und mit jeder Veränderung bekam sie einen neuen Namen. Zunächst war sie eine *Bekannte*, dann eine *Freundin*, danach eine *Schönheit mit großen Augen, das Mädchen mit dem ich ausging*, dann meine *Verlobte* und schließlich wurde sie meine *Frau*. Natürlich ging das mit den Namen so weiter. Jetzt ist sie meine *Vertraute, die Mutter meiner Kinder, meine Lebenspartnerin, mein Chef* (ich mache wieder Spaß). Je besser ich sie kenne, umso mehr Namen gebe ich ihr.

Je besser das Volk Israel Gott kennen lernte, umso mehr Namen erhielt er. Zunächst war Gott als *Elohim* bekannt. »Am Anfang schuf Gott [*Elohim*] ...« (1. Mose 1,1). Das hebräische Wort *Elohim* schließt die Bedeutung »Starker« oder »Schöpfer« in sich und erscheint einunddreißig Mal im ersten Kapitel der Genesis, in dem wir Gottes Schöpfermacht sehen.[1]

Als Gott sich seinen Kindern offenbarte, sahen sie mehr in ihm als eine mächtige Kraft. Sie sahen ihn als liebenden Vater, der bei allen wichtigen Entscheidungen ihres Lebens bei ihnen war.

Jakob zum Beispiel erkannte Gott als *Jahwe-raah,* einen liebevollen Hirten. Jakob erzählte seiner Familie von »Gott, der mein Hirte gewesen ist mein Leben lang« (1. Mose 48,15; Luther).

Der Ausdruck war sicher ein Kompliment für Gott, denn Jakob war ein recht widerspenstiges Schaf. Zweimal überlistete er seinen Bruder, mindestens einmal legte er seinen blinden Vater herein. Er hinterging seinen doppelzüngigen Schwiegervater, indem er dessen Viehherden ergaunerte, und dann, in einem unbeobachteten Augenblick, machte er sich wie der Wind aus dem Staub und nahm alles mit, was nicht niet- und nagelfest war.

Jakob war nie Anwärter auf den Preis für das bravste Schaf, doch Gott vergaß ihn nie. Er schenkte ihm Nahrung während der Hungersnot, Vergebung, wenn er versagte, und Glauben in seinen letzten Jahren. Wenn Sie Jakob bitten, Gott mit einem Wort zu beschreiben, so wäre dieses Wort *Jahwe-raah,* der liebevolle Hirte.

Abraham hatte einen anderen Namen für Gott: *Jahwe-jireh*, der Herr, der sorgt. Es ist so etwas wie Ironie der biblischen Geschichte, dass Abraham Gott als »Versorger« bezeichnet, denn er war schon sehr gut versorgt. Er lebte in einem Luxuszelt und hatte mehrere Kamele in seiner »Garage« stehen. Das Leben in Ur war angenehm. »Aber das Leben in Kanaan wird noch besser werden«, kündigte er seiner Familie an. Und so zogen sie los. Wenn sie fragten: »Wo werden wir wohnen?«, antwortete Abraham: »Gott wird dafür sorgen.« Und Gott tat es. Als sie in Ägypten in einen Skandal verwickelt wurden, fragten sich die Menschen: »Wie werden wir da herauskommen?« Abraham beruhigte sie: »Gott wird dafür sorgen.« Und er tat es. Als sie das Land aufteilten und der Neffe Lot das gute Weideland nahm und seinem Onkel Abraham die Steine überließ, fragten sich die Leute: »Wie werden wir überleben?« Abraham wusste die Antwort: »Gott wird dafür sorgen.« Und er tat es. Und als Abraham und Sara neben der leeren Wiege standen und sie sich fragte, wie er jemals der Vater von Tausenden sein würde, legte er seinen Arm um sie und flüsterte: »Der Herr wird dafür sorgen.«

Und Gott tat es. Mit über hundert Jahren ließ Abraham seinen Erstgeborenen auf seinen knochigen Knien schaukeln. Abraham lernte, dass Gott für ihn sorgte. Doch auch Abraham muss ungläubig mit dem Kopf geschüttelt haben, als Gott ihn aufforderte, seinen eigenen Sohn auf dem Berg Morija zu opfern.

Sie stiegen den Berg hoch. »Wo ist ... das Schaf zum Brandopfer?«, fragte sein Sohn (1. Mose 22,7; Luther). Man fragt sich, wie die Antwort aus Abrahams zugeschnürter Kehle kommen konnte. »Gott wird sich ersehen ein Schaf zum Brandopfer« (V. 8). *Jahwe-jireh*, der Herr wird dafür sorgen. Abraham band seinen Sohn fest, legte ihn auf den Altar und hob das Messer. Da hielt ihn der Engel zurück. Abraham hatte seinen Glauben bewiesen. Er hörte ein Rascheln im Gestrüpp und sah, dass sich ein Widder mit seinen Hörnern verfangen hatte. Ihn brachte er als Opfer dar und gab dem Berg den Namen *Jahwe-jireh*, der Herr sorgt.

Dann haben wir noch Gideon. Der Herr kam zu Gideon und befahl ihm, sein Volk zum Sieg über die Midianiter zu führen. Das ist so, als würde Gott einer Hausfrau sagen, sie solle ihrem gewalttätigen Ehemann mutig entgegentreten, oder einem Gymnasiasten, es mit Drogenhändlern aufzunehmen, oder einem Pastor, einer Gemeinde von Pharisäern die Wahrheit zu predigen. »S-s-such dir l-l-lieber jemand anderes«, stottern wir. Doch dann erinnert uns Gott daran, dass er weiß, dass wir es nicht können, dass er es aber kann, und um das zu beweisen, macht er ein herrliches Geschenk. Er schenkt den Geist des Friedens. Einen Frieden vor dem Sturm. Einen Frieden jenseits aller Logik, oder wie Paulus es beschrieb: »Ihr werdet Gottes Frieden erfahren, der größer ist, als unser menschlicher

Verstand es je begreifen kann« (Philipper 4,7). Diesen Frieden gab er David, nachdem er ihm Goliat gezeigt hatte; er gab ihn Saulus, nachdem er ihm das Evangelium gezeigt hatte, er gab ihn Jesus, nachdem er ihm das Kreuz gezeigt hatte. Und er gab ihn Gideon. Deshalb gab Gideon Gott diesen Namen. Er baute einen Altar und nannte ihn *Jahwe-shalom*, der Herr ist Friede (Richter 6,24).

Mindestens ein paar Quadersteine unter dem Haus haben mit Moses Meißel Bekanntschaft gemacht. In einen ritzte er den Namen *Jahwe-rophe* ein. Die deutsche Übersetzung dazu finden Sie in 2. Mose 15,26: »Ich bin der Herr, dein Arzt.« Die Situation war folgende: Mehr als eine Million Israeliten wurden aus der Gefangenschaft befreit und folgten Mose in die Wüste. Ihr Jubel über die Befreiung schlug wegen des Wassermangels schnell in Frustration um. Sie wanderten drei Tage lang durch ein Land ohne jeden Schatten, ohne Flüsse, ohne Häuser, ohne Grün. Ihre einzigen Nachbarn waren die Sonne und die Schlangen.

Schließlich kamen sie zu einem See, doch das Wasser war brackig, bitter und gefährlich. Ich bin sicher, dass das damals gar nicht lustig war, aber man muss einfach über das lachen, was dann passierte. Mose »schrie zu dem Herrn und der Herr zeigte ihm ein Holz« (2. Mose 15,25; Luther). Mose bettelt um Wasser, und Gott gibt ihm Holz?!

Halten wir kurz ein und machen uns die Lage bewusst. Drei Tage in der Wüstensonne. Hoffnung steigt auf, als ein See in Sicht kommt. Die Hoffnung wird durch den Geschmack des Wassers zunichte gemacht. Mose bittet mit ausgetrocknetem Mund und ledernen Lippen um Hilfe – und Gott zeigt ihm ein Stück Holz ...

Mose reagiert, indem er das Holz in den See wirft. Vielleicht tat er es aus Ärger: »Was soll ich mit diesem dummen Holz!« Oder vielleicht aus einer Eingebung heraus: »Du trägst die Verantwortung, Gott.« Was auch immer der Grund war, das Wasser wird gereinigt, der Durst der Israeliten wird gestillt und Gott wird verherrlicht. In diesem Fall offenbart Gott selbst seinen Namen: »Ich bin der Herr, dein Arzt« (2. Mose 15,26; Luther).

Das Wort, auf das es hier ankommt, ist *ich*. Gott ist derjenige, der heilt. Er kann dazu ein Medikament, eine Krankenhausabteilung oder ein Stück Holz benutzen. Aber er ist es, der das Gift aus dem System entfernt. Er ist *Jahwe-rophe*.

Er ist auch *Jahwe-nissi*, der Herr, mein Banner. Die Soldaten hatten Angst, in der Hitze des Gefechts von ihrem Heer getrennt zu werden. Aus diesem Grund wurde im Kampf ein Banner getragen, und wenn ein Kämpfer plötzlich alleine war, zeigte ihm die erhobene Flagge den Ort, an den er sich retten konnte. Als die Amalekiter (die starken Bösen) die Israeliten (die kleinen Guten) angriffen, da stieg Mose auf einen Berg und betete. Solange seine Hände erhoben waren, siegten die Israeliten. Aber wenn seine Hände herabsanken, gewannen die Amalekiter. Mose war nicht dumm, er hielt seine Hände hoch. Die Israeliten siegten, die Amalekiter flohen und Mose baute Gott einen Altar und meißelte einen neuen Namen auf einen Stein – *Jahwe-nissi*, der Herr, mein Banner (2. Mose 17,8-16).

Nur wenige Namen Gottes beschreiben sein Wesen. Befassen Sie sich mit ihnen, denn es kommt vielleicht ein Tag, an dem Sie sie alle brauchen. Ich möchte Ihnen erklären, was ich damit meine.

Wenn Sie nicht wissen, wie es in Zukunft mit Ihnen weitergeht, dann wenden Sie sich an Ihren *Jahwe-raah*, Ihren liebevollen Hirten. Wenn Sie sich um Ihren Lebensunterhalt Sorgen machen, dann sprechen Sie mit *Jahwe-jireh*, dem Herrn, der für Sie sorgt. Wachsen Ihnen Ihre Aufgaben über den Kopf? Bitten Sie um die Hilfe von *Jahwe-shalom*, der Herr ist Friede. Ist Ihr Körper krank oder Ihr Gemüt labil? *Jahwe-rophe*, der Herr, Ihr Arzt, wird jetzt zu Ihnen kommen. Kommen Sie sich wie ein Soldat vor, den es hinter die feindlichen Linien verschlagen hat? Nehmen Sie Ihre Zuflucht zu *Jahwe-nissi*, dem Herrn, der Ihr Banner ist.

Wenn Sie über die Namen Gottes nachdenken, werden Sie an Gottes Wesen erinnert. Vergegenwärtigen Sie sich diese Namen und prägen Sie sie tief in Ihr Herz ein.

Gott ist
    der Hirte, der Sie führt,
    der Herr, der für Sie sorgt,
    die Stimme, die Frieden im Sturm bringt,
    der Arzt, der die Kranken heilt,
    das Banner, das dem Soldaten den Weg zeigt.
    Und vor allem ... er ist da.

Kapitel 4

Die Sternwarte

Himmlische Zuneigung

Vater unser, der du bist im Himmel ...

Vor ein paar Tagen joggte ich morgens durch mein Wohnviertel. Ich bin dafür bekannt, dass ich öfter wichtige Termine vergesse, doch die Bedeutung dieses Tages konnte nicht einmal mir entgehen. Es war der erste Schultag. Überall wurde man daran erinnert: Interviews in den Nachrichten, Geschäfte voller Eltern, Schulbusse, die aus dem Sommerschlaf erwacht waren und durch die Straßen ratterten. Auch in unserer Familie hatten wir am Vorabend Schultaschen gepackt und Pausenbrote geschmiert.

Ich war keineswegs erstaunt, als ich das hübsche kleine Mädchen in neuen Kleidern und mit einer nagelneuen Schultasche sah. Sie war höchstens sechs Jahre alt und wartete auf ihren Schulbus. »Alles Gute zum ersten Schultag!«, grüßte ich, als ich vorbeijoggte.

Sie starrte mich an, als hätte ich ein Kaninchen aus dem Hut gezogen. »Woher weißt du das?«

Sie war verblüfft. Für sie war ich ein Genie. Irgendwie hatte ich auf übernatürliche Weise herausgefunden, warum sie so früh auf war und wohin sie ging. Sie war beeindruckt.

»Oh, solche Dinge weiß ich einfach!«, rief ich ihr zu. (Warum sollte ich ihr die Illusion rauben?)

Sie allerdings sind nicht so schnell zu beeindrucken. Sie wissen, warum ich es wusste. Sie verstehen den Unterschied zwischen einem Kind und einem Erwachsenen. Erwachsene leben in einer anderen Welt als Kinder. Erinnern Sie sich daran, wie Ihre Eltern Sie in Erstaunen versetzten? Erinnern Sie sich, wie Ihr Vater jedes Auto kannte, das vorbeifuhr? Waren Sie nicht über die Fähigkeit Ihrer Mutter verblüfft, Mehl, Milch und Eier in einen Kuchen zu verwandeln? Wenn meine Eltern sich über die Sonntagspredigt unterhielten, dachte ich als Kind oft: *Und ich habe kein Wort von dem verstanden, was der Mann da erzählt hat.*

Worin liegt der Unterschied? Ganz einfach: Durch Ausbildung, Lernen und Erfahrung leben Erwachsene in einem anderen Bereich. Wie viel mehr trifft das auf Gott zu. Nehmen Sie den Unterschied zwischen dem Mädchen und mir, vervielfältigen Sie ihn um eine Million, dann beginnen wir, den Unterschied zwischen uns und unserem Vater zu erkennen. Wer von uns kann über Gott nachdenken, ohne dieselbe Frage zu stellen wie das Mädchen: Woher weißt du das?

Wir bitten um Gnade, nur um zu entdecken, dass uns schon Vergebung geschenkt wurde. (Wie konntest du wissen, dass ich sündigen würde?)

Wir bitten um Essen, nur um zu entdecken, dass schon für uns gesorgt wurde. (Wie konntest du wissen, dass ich Hunger haben würde?)

Wir bitten um Führung, nur um zu entdecken, dass die Antworten im Wort Gottes liegen. (Wie konntest du wissen, was ich mich fragen würde?)

Wir können uns einfach nicht vorstellen, was alles zu Gottes Einflussbereich gehört. »Der scheinbar absurde Plan Gottes ist immer noch viel weiser als der weiseste Plan der Menschen, und die Schwäche Gottes ist weitaus stärker, als die Menschen sind« (1. Korinther 1,25). Er wohnt in einer anderen Dimension. »Denn meine Gedanken sind nicht eure Gedanken, und eure Wege sind nicht meine Wege, spricht der Herr, sondern so viel der Himmel höher ist als die Erde, so sind auch meine Wege höher als eure Wege und meine Gedanken als eure Gedanken« (Jesaja 55,8-9; Luther).

Gottes Gedanken sind nicht unsere Gedanken, sie sind unseren Gedanken nicht einmal *ähnlich*. Sie gleichen ihnen nicht einmal annähernd. Wir denken: *Bewahre den Leib*. Er denkt: *Rette die Seele*. Wir träumen von einer Gehaltserhöhung. Er träumt von der Auferstehung der Toten. Wir sind leidensscheu und suchen Frieden. Gott benutzt Leiden, um Frieden zu bringen. Wir beschließen:»Ich will leben, bevor ich sterbe.« Gott unterweist uns:»Stirb, damit du leben kannst.« Wir lieben, was verrottet. Er liebt, was beständig ist. Wir freuen uns über unsere Erfolge. Er freut sich über unser Sündenbekenntnis. Wir zeigen unseren Kindern den Olympiasieger mit dem gewinnenden Lächeln und sagen:»Werde wie er.« Gott zeigt auf den gekreuzigten Zimmermann mit den blutigen Lippen und der durchbohrten Seite und sagt:»Werde wie Jesus.«

Unsere Gedanken sind nicht Gottes Gedanken. Unsere Wege sind nicht Gottes Wege. Er hat einen anderen Terminkalender. Er lebt in einer anderen Dimension. Er lebt auf einer anderen Ebene. Und diese Ebene wird im ersten Satz des Vaterunsers genannt: *»Vater unser, der du bist im Himmel.«*

Die Sternwarte

Nachdem Jesus uns im Wohnzimmer getröstet und uns hinsichtlich des Fundaments Zuversicht eingeflößt hat, führt er uns die Treppe hinauf. Wir steigen bis zum höchsten Punkt des Hauses nach oben, stehen vor einer schweren Holztür und folgen Gottes Einladung zum Besuch seiner Sternwarte.

In diesem Raum braucht man kein Teleskop. Die Decke aus Glas vergrößert das Universum, so dass man den Eindruck hat, der Himmel fiele auf einen herab. Man wird schwerelos, nach oben gehoben und ist schließlich von den Himmeln umgeben. Sterne rauschen wie Wasserfälle vorbei, bis es einem angesichts ihrer großen Anzahl schwindlig wird. Selbst wenn man auf jedem Planeten und auf jedem Stern nur eine einzige Minute verbringen würde, reichte ein ganzes Leben kaum aus, um einen nennenswerten Anfang zu machen.

Jesus wartet, bis Sie all diesen Glanz wahrgenommen haben, dann flüstert er Ihnen leise zu: »Dein Vater ist im Himmel.«

Ich erinnere mich daran, dass ich als Junge einige Kinder kannte, deren Väter recht erfolgreich waren. Einer war Richter, der andere ein bekannter Arzt. Außerdem ging ich sonntags mit dem Sohn des Bürgermeisters zur Kirche. Dieser Junge besaß ein Ansehen, das die meisten von uns nicht hatten. »Mein Vater hat sein Büro im Rathaus«, konnte er stolz verkünden. Raten Sie mal, was Sie verkünden können? »Mein Vater regiert das Universum.«

»Der Himmel verkündet die Herrlichkeit Gottes und das Firmament bezeugt seine wunderbaren Werke. Ein Tag erzählt es dem anderen, und eine Nacht teilt es der anderen mit. Ohne Sprache und ohne Worte, lautlos ist ihre Stimme, doch ihre Botschaft breitet sich aus über die ganze Erde und ihre Worte über die ganze Welt« (Psalm 19,2-5).

Die Natur ist Gottes Werkstatt. Der Himmel ist sein Notizblock. Das Universum ist seine Visitenkarte. Wollen Sie wissen, wer Gott ist? Dann schauen Sie an, was er gemacht hat. Wollen Sie seine Macht kennen lernen? Dann werfen Sie einen Blick auf seine Schöpfung. Interessiert es Sie, wie stark er ist? Dann besuchen Sie ihn: Sternenhimmel-Allee, Hausnummer 1 000 000 000 ... Wollen Sie seine Größe kennen lernen? Dann treten Sie bei Nacht ins Freie und bestaunen das Sternenlicht, das vor einer Million Jahren ausgesandt wurde, und dann lesen Sie 2. Chronik 2,6: »Aber wer vermag es, ihm ein Haus zu bauen? Denn der Himmel« und aller Himmel Himmel können ihn nicht fassen.«

Er ist nicht von der Atmosphäre der Sünde beeinträchtigt.
Er ist nicht an die Grenzen der Geschichte gebunden.
Er wird nicht von der Müdigkeit des Körpers behindert.

Was Sie in Grenzen hält, hält ihn nicht in Grenzen. Was Sie beunruhigt, beunruhigt ihn nicht. Was Sie erschöpft, erschöpft ihn nicht. Wird ein Adler vom Verkehr gestört? Nein, er erhebt sich über ihn. Wird der Wal von einem Wirbelsturm in Schrecken versetzt? Natürlich nicht, er taucht unter ihm durch. Wird der Löwe nervös, weil eine Maus in seinem Weg steht? Nein, er steigt über sie hinweg.

Wie viel mehr kann Gott sich über die Probleme der Welt erheben, unter ihnen hindurchgleiten und über sie hinwegsteigen! »Menschlich gesehen ist es unmöglich. Aber bei Gott ist alles möglich« (Matthäus 19,26).

Unsere Fragen zeigen, wie wenig wir verstanden haben:

Wie kann Gott gleichzeitig überall sein? (Wer sagt, dass Gott an einen Körper gebunden ist?)

Wie kann Gott all die Gebete hören, die an ihn gerichtet werden? (Vermutlich sind seine Ohren anders als Ihre.)

Wie kann Gott der Vater, der Sohn und der Heilige Geist sein? (Könnte es sein, dass im Himmel eine andere Physik gilt als auf der Erde?)

Wenn schon die Menschen hier unten mir nicht vergeben, wie viel schuldiger bin ich dann vor einem heiligen Gott? (Ganz im Gegenteil: Gott ist immer bereit, Gnade walten zu lassen, wenn wir Menschen es nicht können – er hat die Gnade erfunden.)

Wie wichtig ist es, dass wir in dem Wissen beten, dass Gott im Himmel ist. Wenn Sie ohne diese Überzeugung beten, werden Ihre Gebete schüchtern, oberflächlich und gehaltlos. Verbringen Sie doch einfach einige Zeit in der Werkstatt des Himmels und betrachten Sie, was Gott geschaffen hat; Sie werden entdecken, wie Ihre Gebete mit Kraft erfüllt werden.

Wenn wir gerade von der Werkstatt des Vaters sprechen, möchte ich Ihnen von einer Werkstatt erzählen, die ich als Achtjähriger besucht habe.

Gottes Werkstatt

Der Höhepunkt meiner Laufbahn als Pfadfinder war ein Seifenkistenrennen. Der Wettkampf war einfach: Wir sollten ein motorloses Gefährt aus Holz bauen, uns hineinsetzen und in einem Wettrennen den Berg hinunterfahren. Einige der Kreationen waren Luxuslimousinen mit Steuerrad und bemalter Verkleidung. Andere waren nichts weiter als ein Sitz auf einem Holzrahmen mit vier Rädern und einem Seil zum Lenken. Mein Plan war der Bau eines roten Sportmodells, wie ich es im Pfadfinder-Handbuch gesehen hatte. Mit Säge und Hammer, einem Stapel Bretter und brennendem Ehrgeiz ausgestattet machte ich mich ans Werk und träumte, der Henry Ford unseres Pfadfinderzuges zu werden.

Ich weiß nicht, wie lange mein Vater mich beobachtete, bevor er meine Arbeit unterbrach. Wahrscheinlich nicht sehr lange, da mein Bemühen kein sehr schöner Anblick war. Dauernd fraß sich die Säge fest und das Holz splitterte. Immer wieder schlug ich Nägel krumm, und die Bretter wollten nicht zusammenpassen. Glücklicherweise griff mein Vater nach einer Weile ein, klopfte mir auf die Schulter und führte mich in seine Werkstatt.

Das kleine weiße Holzhaus hinten im Garten war Papas Reich. Ich hatte mich nie dafür interessiert, was er dort tat. Nur ab und zu hatte ich etwas gehört: surrende Sägen, klopfende Hämmer und das Pfeifen eines glücklichen Heimwerkers. Ich stellte mein Fahrrad in der Werkstatt unter, hatte aber nie auf die Werkzeuge geachtet. Aber ich hatte vorher ja auch nie versucht, irgendetwas selbst zu bauen. In den folgenden Stunden machte mein Vater mich mit der wundersamen Welt der Sägeböcke, Reißschienen, Maßbänder und Bohrer vertraut. Er zeigte mir, wie man einen Plan zeichnet und Holz misst. Er erklärte mir, warum es besser ist, erst zu hämmern und danach anzustreichen. Ich war überrascht. Was mir unmöglich war, war für ihn einfach. An einem einzigen Nachmittag hatten wir ein anständiges Fahrzeug gebaut. Und obwohl ich beim Rennen ohne Preis ausging, hatte ich eine große Bewunderung für meinen Vater gewonnen. Warum? Ich hatte einige Zeit in seiner Werkstatt verbracht.

Sie merken, worauf ich hinaus will: Wenn Jesus uns den Himmel zeigt, zeigt er uns die Werkstatt seines Vaters. Er schaut eine Zeit lang zu, wie wir uns mit dem Hammer auf den Daumen schlagen, dann klopft er uns auf die Schulter und sagt: »Dein Vater kann das für dich erledigen.« Und um es uns zu beweisen, nimmt er uns in die Werkstatt des Vaters mit. Stolz verkündet er mit einer ausladenden Handbewegung: »Unser Vater ist im Himmel!«

Schauen Sie die Sonne an! Jeder Quadratmeter der Sonne strahlt ständig 130 000 Pferdestärken oder das Äquivalent von vierhundertfünfzig Achtzylinder-Automotoren aus. Doch unsere Sonne, so gewaltig sie auch sein mag, ist nur ein unbedeutender Stern unter den hundert Milliarden Himmelskörpern unserer Milchstraße. Fassen Sie ein Zehncentstück mit Zeigefinger und Daumen, strecken den Arm in den Himmel und richten Ihren Blick darauf; Sie verdecken damit Ihre Sicht auf fünfzehn Millionen Sterne.

Betrachten Sie die Erde! Das Gewicht unserer Erdkugel wurde auf sechs Sextillionen Tonnen geschätzt (eine Sechs mit einundzwanzig Nullen). Und doch ist sie genau um dreiundzwanzig Grad geneigt; ein bisschen mehr oder weniger, und unsere Jahreszeiten wären unmöglich gemacht. Obwohl sich die Erde mit einer Geschwindigkeit von etwa 1 674 Kilometern pro Stunde oder 46 300 Kilometern pro Tag oder ungefähr sechzehn Millionen Kilometern pro Jahr um die eigene Achse dreht, stürzt keiner von uns ab. Unser Gott »spannt den Norden aus über dem Leeren und hängt die Erde über das Nichts« (Hiob 26,7; Luther) und er hat auch das unsichtbare Band der Schwerkraft geschaffen, das uns sicher am Boden hält.[1]

Jetzt, wo Sie in der Sternwarte stehen und Gottes Werkstatt betrachten, möchte ich Ihnen ein paar Fragen stellen. Wenn Gott fähig ist, den Sternen ihren Platz anzuweisen und den Himmel wie einen Vorhang auszubreiten, halten Sie es dann für annähernd möglich, dass er Ihr Leben lenken kann? Wenn Ihr Gott mächtig genug ist, die Sonne zu entzünden, dann ist er wohl mächtig genug, Licht auf Ihren Weg zu bringen. Gott hat dem Saturn Ringe geschenkt, und die Venus lässt er funkeln. Glauben Sie nicht, dass er auch Sie genug liebt, um für das zu sorgen, was Sie brauchen? Jesus sagte:

»Schaut die Vögel an. Sie müssen weder säen noch ernten, noch Vorräte sammeln, denn euer himmlischer Vater sorgt für sie. Und ihr seid ihm doch viel wichtiger als sie ... Warum sorgt ihr euch um eure Kleider? Schaut die Lilien an und wie sie wachsen. Sie arbeiten nicht und nähen sich keine Kleider. Trotzdem war selbst König Salomo in seiner ganzen Pracht nicht so herrlich gekleidet wie sie. Wenn sich Gott so wunderbar um die Blumen kümmert, die heute aufblühen und morgen wieder verwelkt sind, wie viel mehr kümmert er sich dann um euch? Euer Glaube ist so klein!« (Matthäus 6,26-30).

Warum hat Gott das getan? Eine Baracke hätte genügt, aber er gab uns eine Villa. Musste er den Vögeln Gesang und den Bergen Gipfel geben? War es notwendig, das Zebra mit Streifen und das Kamel mit einem Höcker auszustatten? Hätten wir etwas vermisst, wenn er die Sonnenuntergänge grau statt orange gemalt hätte? Warum glänzen die Sterne und warum tanzen auf den Wellen weiße Schaumkronen? Warum erhielt der Kardinalsvogel ein scharlachrotes Federkleid und warum ist der Beluga-Wal weiß? Warum verlieh Gott der Schöpfung solche Pracht? Warum gab er sich die Mühe, solche Geschenke zu machen?

Warum tun Sie es? Sie tun doch das Gleiche. Ich habe gesehen, wie Sie nach einem Geschenk suchten. Ich sah, wie Sie durch die Einkaufsstraßen gingen und die verschiedenen Abteilungen in den Geschäften absuchten. Ich spreche nicht von Pflichtgeschenken. Auch nicht vom Kauf eines Drogeriemarkt-Parfüms in allerletzter Minute auf dem Weg zur Geburtstagsparty. Vergessen Sie Sonderangebote und Schnäppchen. Ich spreche von der ganz besonderen Person und dem ganz besonderen Geschenk. Jeden Monat legen Sie ein paar Euro vom Haushaltsgeld beiseite, um ihm diese Stiefel aus Kalbsleder kaufen zu können; Sie nehmen tausend Ringe in Augenschein, um für sie den besten Stein zu finden; vor Weihnachten bleiben Sie die ganze Nacht auf, um das neue Fahrrad zusammenzubauen. Warum tun Sie es? Sie tun es, damit Augen strahlen, damit ein Herz kurz stillsteht. Sie tun es, um die fassungslosen Worte zu hören: »Und das schenkst du *mir*?« Deshalb tun Sie es. Und deshalb hat Gott es getan. Wenn Sie das nächste Mal einen Sonnenuntergang atemberaubend finden oder wenn eine Blumenwiese Sie sprachlos macht, dann bleiben Sie still. Sagen Sie nichts, sondern lauschen, wie der Himmel flüstert: »Gefällt es dir? Ich habe es für dich gemacht.«

Ich sage Ihnen hier etwas, das Sie vielleicht kaum glauben können. Sie hören eine Meinung, die womöglich Ihre Vorstellungskraft überfordert. Sie müssen mir nicht beipflichten, aber denken Sie doch einfach mit mir darüber nach. Sie brauchen es mir nicht abzunehmen, doch ziehen Sie einmal diesen Gedanken in Betracht: *Wenn Sie der einzige Mensch auf Erden wären, würde die Erde genauso aussehen.* Der Himalaja wäre atemberaubend und die Karibik bezaubernd. Die Sonne würde am Abend langsam hinter den Bergen verschwinden und am Morgen die Wüste in ihr gleißendes Licht tauchen. Wenn Sie der einzige Pilger auf der Erdkugel wären, würde Gott ihre Schönheit nicht um einen Grad verringern.

Denn er hat das alles für Sie geschaffen ... und er wartet, dass Sie sein Geschenk entdecken. Er wartet darauf, dass Sie ins Wohnzimmer stolpern, sich den Schlaf aus den Augen reiben und das leuchtend rote Fahrrad entdecken, das er für Sie zusammengebaut hat. Er wartet darauf, dass Ihre Augen strahlen und Ihr Herz kurz stillsteht. Er wartet darauf, dass Ihr Mund vor Staunen offen steht und Ihr Herz einen Sprung macht. Denn in dieser Stille neigt er sich zu Ihnen und flüstert: *Ich habe es nur für dich gemacht.*

Finden Sie, dass es schwer ist, an solche Liebe zu glauben? Das ist in Ordnung. Erinnern Sie sich an das kleine Mädchen, das sich nicht vorstellen konnte, woher ich wusste, dass sie zur Schule ging? Dass sie es nicht verstehen konnte, heißt ja nicht, dass ich es nicht wissen konnte. Und nur weil wir uns nicht vorstellen können, dass Gott uns Sonnenuntergänge schenkt, können wir nicht schlussfolgern, dass er es nicht tut. Gottes Gedanken sind höher als unsere Gedanken. Gottes Wege sind höher als unsere Wege. Und manchmal schenkt unser Vater im Himmel uns in seiner großen Weisheit ein Stück Himmel, nur um uns zu zeigen, dass er uns liebt.

Die Kapelle

Wo der Mensch die Hand auf seinen Mund legt

Geheiligt werde dein Name ...

Als ich in Brasilien lebte, wollte ich meiner Mutter und ihrer Freundin die Iguacu-Fälle, die größten Wasserfälle der Welt, zeigen. Einige Monate zuvor hatte ich in der Zeitschrift *National Geographics* einen Artikel über Wasserfälle gelesen. Deshalb war ich davon überzeugt, dass meine Gäste ihr Glück, einen sachverständigen Führer wie mich zu haben, zu schätzen wissen würden.

Bevor Touristen den Aussichtspunkt erreichen, müssen sie einen in Schlangenlinien durch einen Wald führenden Weg hochsteigen. Ich benutzte den Anstieg, um meiner Mutter und ihrer Freundin einen kleinen Vortrag über die Besonderheit der Iguacu-Fälle zu halten. Ich war so erfüllt von allem, was ich dazu wusste, dass ich ohne Unterbrechung redete. Nach einiger Zeit merkte ich, dass ich immer lauter sprach. Ein Geräusch in der Ferne zwang mich, meine Stimme zu erheben. Mit jeder Wegbiegung wurde meine Stimme lauter. Schließlich schrie ich, um ein Tosen zu übertönen, das inzwischen richtig störend war. *Was dieser Lärm auch immer war, ich wünschte, er würde endlich aufhören, damit ich meinen Vortrag zu Ende bringen konnte.*

Erst als wir die Lichtung erreichten, erkannte ich, dass der Lärm, den wir hörten, bereits von den Wasserfällen kam. Meine Worte wurden von der Macht und dem Ungestüm dessen, was ich zu beschreiben versuchte, übertönt. Man konnte mich nicht mehr hören. Ich hatte kein Publikum mehr. Sogar meine Mutter sah lieber das Schauspiel, das sich bot, als meiner Beschreibung zuzuhören. Ich hielt den Mund.

Es gibt Momente, in denen Worte nur stören, in denen Schweigen die höchste Ehrerbietung ausdrückt. Das Wort für solche Zeiten heißt Ehrfurcht. Das Gebet für solche Zeiten lautet: »Geheiligt werde dein Name.« Und der Ort für dieses Gebet ist die Kapelle.

Wenn es dort Wände gibt, werden Sie sie nicht bemerken. Wenn dort eine Kanzel steht, brauchen Sie sie nicht. Ihre Augen sind auf Gott gerichtet, Sie möchten ihm Ihre Ehrfurcht zeigen. In der Mitte des Raumes steht ein Thron und vor dem Thron steht eine Bank zum Knien. Nur Sie und Gott sind anwesend.

Machen Sie sich keine Sorgen darum, ob Sie die rechten Worte finden; sorgen Sie sich vielmehr um das richtige Herz. Nicht Redegewandtheit sucht Gott, sondern Ehrlichkeit.

Zeit zum Schweigen

Dies ist eine Lektion, die Hiob lernen musste. Wenn er einen Fehler hatte, dann betraf er seine Zunge. Er redete zu viel.

Nicht dass ihm irgendjemand für irgendetwas die Schuld geben konnte. Das Unheil brach über diesen Mann herein wie eine Löwin über eine Herde Gazellen, und als alles vorüber war, stand praktisch kein Stein mehr auf dem anderen und fast alle Menschen, die er liebte, waren tot. Feinde hatten Hiobs Herden geraubt, ein Blitz hatte seine Schafe getötet, ein Sturm hatte das Haus, in dem seine Kinder feierten, eingerissen und sie unter den Trümmern begraben.

Und das war nur der erste Tag.

Hiob hatte nicht einmal genug Zeit, um seine Versicherung anzurufen, als er auch schon Lepra an seinen Händen und Geschwüre auf seiner Haut entdeckte. Seine Frau, eine mitleidige Seele, riet ihm, »Gott abzusagen und zu sterben«. Seine vier

Freunde besuchten ihn und legten an seinem Krankenlager das einfühlsame Verhalten eines Vorschlaghammers an den Tag.

Sie erzählten ihm, dass Gott gerecht ist, dass Schmerzen die Folge von Bösem sind und dass, so sicher wie zwei plus zwei vier ist, Hiob in der Vergangenheit etwas verbrochen haben musste, sonst würde er nicht so leiden.

Jeder der vier Freunde hatte sein eigenes Gottesverständnis, und jeder sprach lange und lautstark darüber, wer Gott ist und warum er so oder so handelt. Sie waren nicht die Einzigen, die über Gott sprachen. Sobald seine Ankläger eine Pause einlegten, setzte Hiob zu seiner Erwiderung an. Es war ein dauerndes Hin und Her ...

Danach tat Hiob seinen Mund auf ... (Hiob 3,1; Luther)
Da hob Elifas von Teman an und sprach ... (4,1)
Hiob antwortete und sprach ... (6,1)
Da hob Bildad von Schuach an und sprach ... (8,1)
Hiob antwortete und sprach ... (9,1)
Da hob Zofar von Naama an und sprach ... (11,1)

Dieser Wortwechsel wird dreiundzwanzig Kapitel lang geführt. Schließlich wird Hiob der Antworten müde. Er beendet die Diskussion und setzt zu einer Grundsatzrede an. Mit einer Hand ergreift er das Mikrofon, mit der anderen hält er sich am Rednerpult fest, dann legt er los. Sechs Kapitel lang erläutert Hiob seine Ansichten über Gott. Dieses Mal lauten die Einleitungen der Kapitel: »Und Hiob fuhr fort ...« Er definiert Gott, erklärt Gott, beurteilt Gott. Man hat den Eindruck, Hiob weiß mehr über Gott als Gott selbst!

Erst nach siebenunddreißig Kapiteln meldet sich Gott zu Wort und spricht. Kapitel achtunddreißig beginnt mit diesen Worten: »Und der Herr antwortete Hiob.«

Wenn Ihre Bibel so ist wie meine, dann wurde in diesem Vers ein Fehler gemacht. Die Worte sind richtig, aber der Setzer hat die falsche Buchstabengröße gewählt. Diese Worten sollten so aussehen:

»Und der Herr antwortete Hiob!«

Gott spricht. Menschen blicken nach oben. Die Bäume biegen sich im Wind. Die Nachbarn hasten in ihre Hütten. Katzen klettern auf Bäume und Hunde suchen unter Büschen Schutz. »Es zieht was auf, Schatz. Nimm die Wäsche von der Leine.« Gott hat kaum seinen Mund geöffnet, als Hiob erkennt, dass er seinen besser gehalten hätte.

»Ich will dich fragen, lehre mich! Wo warst du, als ich die Erde gründete? Sage mir's, wenn du so klug bist! Weißt du, wer ihr das Maß gesetzt hat oder wer über sie die Richtschnur gezogen hat? Worauf sind ihre Pfeiler eingesenkt, oder wer hat ihren Eckstein gelegt, als mich die Morgensterne miteinander lobten und jauchzten alle Gottessöhne?« (Hiob 38,3-7; Luther).

Gott schüttet Fragen über Fragen vom Himmel, und Hiob kann nicht umhin zu begreifen: Nur Gott definiert Gott. Bevor man lesen kann, muss man das Alphabet können, und Gott teilt Hiob mit: »Du kennst nicht einmal das ABC des Himmels, geschweige denn seinen Wortschatz.« Zunächst ist Hiob still, der Strom von Fragen hat ihn zum Schweigen gebracht.

»Bist du zu den Quellen des Meeres gekommen und auf dem Grund der Tiefe gewandelt? ... Bist du gewesen, wo der Schnee herkommt, oder hast du gesehen, wo der Hagel herkommt? ... Kannst du dem Ross Kräfte geben oder seinen Hals zieren mit einer Mähne? Kannst du es springen lassen wie die Heuschrecken? ... Fliegt der Falke empor dank deiner Einsicht und breitet seine Flügel aus, dem Süden zu?« (Hiob 38,16.22; 39,19-20.26; Luther).

Hiob hat kaum Zeit, bei einer Frage den Kopf zu schütteln, als ihm schon die nächste gestellt wird. Es liegt auf der Hand, worauf der Vater hinauswill: »Sobald du fähig bist, einfache Dinge zu erledigen, wie etwa Sterne an ihren Platz zu stellen und den Strauß mit einem langen Hals auszustatten, werden wir uns über Leid und Schmerz unterhalten. Aber bis es so weit ist, können wir auf deinen Kommentar verzichten.«

Hat Hiob die Botschaft verstanden? Ich glaube, ja. Hören Sie, was er antwortet: »Siehe, ich bin zu gering, was soll ich antworten? Ich will meine Hand auf meinen Mund legen« (40,4).

Bemerken Sie den Wandel? Bevor Hiob Gott gehört hatte, konnte er gar nicht genug sprechen. Nachdem er Gott gehört hatte, konnte er überhaupt nichts mehr sagen.

Schweigen war die einzig richtige Antwort. Es gab eine Zeit im Leben von Thomas a Kempis, als auch er die Hand auf seinen Mund legte. Er hatte weitschweifig über das Wesen Gottes geschrieben. Doch einiges Tages konfrontierte Gott ihn in solcher Weise mit seiner heiligen Gnade, dass von diesem Augenblick an alle Worte Thomas »wie Stroh anmuteten«. Er legte seine Feder nieder und schrieb keine einzige Zeile mehr. Er legte seine Hand auf seinen Mund.

Das Wort für solche Zeiten ist Ehrfurcht.

Der Raum für solche Zeiten ist die Kapelle.

Die Worte für solche Zeiten lauten »Geheiligt werde dein Name«.

Eine Ebene höher

Diese Worte sind ein Wunsch, keine Bekanntmachung. Eine Forderung, keine Ankündigung. Geheiligt *werde* dein Name. Wir betreten die Kapelle und bitten inständig: »Werde geheiligt, Herr.« Tue alles, was erforderlich ist, um in meinem Leben heilig zu sein. Nimm deinen rechtmäßigen Platz auf dem Thron ein. Erhöhe dich. Werde groß. Verherrliche dich. Sei du der Herr, ich werde still sein.

In dem Wort *geheiligt* steckt das Wort *heilig* und das bedeutet »trennen«. Es kann bis auf eine Wurzel zurückverfolgt werden, die »schneiden« bedeutet. Heilig sein bedeutet demnach, von der Norm gelöst, also auf einer höheren Ebene, überdurchschnittlich, außergewöhnlich zu sein. Erinnern Sie sich an die Sternwarte? Der Heilige wohnt in einem anderen Bereich als wir. Was uns Schrecken einjagt, versetzt ihn nicht in Furcht. Was uns beunruhigt, beunruhigt ihn nicht.

Ich bin eher eine Landratte als ein Seemann, doch ich bin schon oft genug auf einem Fischerboot herumgeschippert, um das Geheimnis zu kennen, wie man in einem Sturm Land findet. Man richtet sich nicht nach einem anderen Boot aus. Und vor allen Dingen starrt man nicht auf die Wellen. Man richtet den Blick auf einen Gegenstand, der vom Wind nicht beeinflusst wird – ein Licht am Ufer – und steuert gerade darauf zu. Das Licht wird vom Sturm nicht beeinflusst.

Sie tun etwas Vergleichbares, wenn Sie Gott in der Kapelle aufsuchen. Wenn Sie Ihren Blick auf unseren Gott richten, dann konzentrieren Sie sich auf den, der »eine Ebene höher« ist als jeder Sturm, den das Leben bringen mag.

Wie Hiob finden Sie Frieden mitten im Schmerz.

Wie Hiob legen Sie die Hand auf Ihren Mund und sitzen still.

»Hört auf und erkennt, dass ich Gott bin« (Psalm 46,11). Dieser Vers enthält einen Befehl und eine Verheißung.

Der Befehl? *Hört auf. Seid still.*

Legt die Hand auf den Mund.

Beugt eure Knie.

Die Verheißung? *Ihr werdet erkennen, dass ich Gott bin.*

Das Schiff des Glaubens fährt auf ruhigen Wassern. Der Glaube kommt auf den Flügeln des Wartens voran.

Verweilen Sie in der Kapelle. Verweilen Sie oft in der Kapelle. Achten Sie darauf, in Ihren täglichen Stürmen still zu werden und Ihren Blick auf Gott zu richten. Lassen Sie Gott Gott sein. Tauchen Sie ein in seine Herrlichkeit, damit Ihre Probleme aus Ihrer Seele gewaschen werden. Schweigen Sie. Seien Sie still. Seien Sie offen und bereit. Dann werden Sie erkennen, dass Gott Gott ist, und Sie können nicht umhin zu bekennen: »Geheiligt werde dein Name.«

Kapitel 6

Der Thron

Das Herz des Königs berühren

Dein Reich komme ...

Vor kurzem machte sich meine Familie auf die Suche nach neuen Schreibtischen. Ich brauchte einen für mein Büro und wir hatten Andrea und Sara jeweils einen Schreibtisch für ihr Zimmer versprochen. Insbesondere Sara war begeistert. Raten Sie, was sie tut, wenn sie von der Schule nach Hause kommt? Sie spielt Schule! So etwas habe ich als Kind nie getan! Ich versuchte alles, was mit Schule zusammenhing, zu vergessen und wollte mich in meiner Freizeit nicht damit befassen. Denalyn versichert mir, dass dies kein Grund zur Beunruhigung sei, da es sich nur um einen der Unterschiede zwischen den Geschlechtern handele. Also machten wir uns auf den Weg zum Möbelgeschäft.

Wenn Denalyn Möbel kauft, dann schwankt sie zwischen zwei Extremen: so antik, dass die Möbel empfindlich sind, oder so neu, dass sie erst noch lackiert werden müssen. Dieses Mal entschieden wir uns für Letzteres, also gingen wir in ein Geschäft für Rohmöbel.

Andrea und Sara trafen ihre Wahl ziemlich schnell und ich hatte vor, es ihnen gleich zu tun. Irgendwann im Verlauf der Verkaufsgespräche erfuhr Sara, dass wir die Schreibtische nicht sofort mit nach Hause nehmen konnten, und diese Nachricht bekümmerte sie zutiefst. Ich erklärte ihr, dass die Möbel erst lackiert werden müssten und dass die Schreibtische deshalb in etwa vier Wochen geliefert würden. Ich hätte ebenso gut viertausend Jahre sagen können.

Tränen stiegen ihr in die Augen. »Aber Papa, ich wollte den Schreibtisch heute mit nach Hause nehmen.«

Es ist ihr hoch anzurechnen, dass sie nicht mit dem Fuß stampfte und Forderungen stellte. Sie versuchte jedoch mit allen Mitteln, ihren Vater umzustimmen. Jedes Mal, wenn ich in dem großen Laden um eine Ecke bog, wartete sie auf mich.

»Papa, glaubst du nicht, dass wir ihn selber lackieren können?«

»Papa, ich möchte bald ein paar Bilder auf meinem neuen Schreibtisch zeichnen.«

»Papa, bitte, wir nehmen ihn heute mit!«

Nach einer Weile war sie verschwunden, nur um mit offenen Armen zurückzustürmen. »Weißt du was, Papa«, sprudelte es aus ihr heraus. »Er passt genau in den Kofferraum.«

Natürlich wissen Sie und ich, dass ein siebenjähriges Kind keine Ahnung davon hat, was in ein Auto passt. Aber die Tatsache, dass sie den Kofferraum mit ihren Armen ausgemessen hatte, erweichte mein Herz. Schlussendlich entscheidend war jedoch, wie sie mich ansprach: »Papa, bitte, können wir ihn nicht heute mitnehmen?«

Familie Lucado hat den Schreibtisch an diesem Tag mit nach Hause genommen.

Ich erhörte Saras Bitte aus dem gleichen Grund, aus dem Gott unsere Bitten erhört. Was sie sich wünschte, diente ihrem eigenen Weiterkommen. Welcher Vater wollte nicht, dass sein Kind mehr Zeit mit Schreiben und Zeichnen verbringt? Sara wollte, was ich für sie wollte, sie wollte es nur schneller. Wenn wir mit dem übereinstimmen, was Gott will, dann erhört er uns auch (vgl. 1. Johannes 5,14).

Saras Bitte war herzlich und aufrichtig. Auch Gott wird von unserer Aufrichtigkeit bewegt. »Das Gebet eines gerechten Menschen hat große Macht und kann viel bewirken« (Jakobus 5,16).

Doch vor allem wurde ich zum Einlenken bewegt, weil Sara mich »Papa« nannte. Weil sie mein Kind ist, erhörte ich ihre Bitte. Weil wir Gottes Kinder sind, erhört er unsere Bitten. Der Herr der Schöpfung schenkt der Stimme seiner Familie besondere Beachtung. Er ist nicht nur bereit, uns zu erhören, er erhört uns gerne. Er sagt uns sogar, worum wir ihn bitten sollen: »Dein Reich komme.«

Dein Reich komme

Oft geben wir uns mit bescheideneren Bitten zufrieden. Wir haben das Haus Gottes mit einer Tasche voller Bitten betreten – erhoffte Beförderungen, Gehaltserhöhungen, erforderliche Getriebereparaturen und immer währende Gesundheit. Normalerweise sagen wir unsere Gebete so beiläufig, wie wir im Schnellimbiss einen Hamburger bestellen: »Ich hätte gerne ein Problem gelöst und zwei Segnungen und keinen Ärger, bitte.«

Doch solche Selbstzufriedenheit ist in der Kapelle der Anbetung unangebracht. Hier stehen wir vor dem König der Könige. Wir haben eben aus Ehrfurcht vor seiner Heiligkeit die Hand auf unseren Mund gelegt. Machen wir jetzt wegen eines Getriebes den Mund auf? Nicht, dass ihm unsere Bedürfnisse nicht wichtig wären. Doch was außerhalb des Hauses so dringend aussah, scheint hier drinnen einfach weniger wichtig zu sein. Die Gehaltserhöhung ist immer noch erforderlich und die Beförderung wird immer noch gewünscht, aber fangen wir damit an?

Jesus sagt uns, wie wir beginnen sollen. »Wenn ihr betet, dann betet so: ›Unser Vater im Himmel, dein Name werde geheiligt. Dein Reich komme.‹«

Wenn Sie sagen: »Dein Reich komme«, dann laden Sie den Messias selbst in Ihre Welt ein. »Komme, mein König! Nimm deinen Thron in deinem Land ein. Sei in meinem Herzen gegenwärtig. Sei in meinem Büro gegenwärtig. Komm in meine Ehe. Sei du der Herr meiner Familie, meiner Ängste und meiner

Zweifel.« Das ist keine schwache Bitte; es ist ein kühner Aufruf an Gott, jeden Winkel Ihres Lebens zu besetzen.

Wer sind Sie, dass Sie so etwas bitten können? Wer sind Sie, dass Sie Gott bitten, Ihre Welt in die Hand zu nehmen? Sie sind sein Kind, um Gottes willen! Und deshalb bitten Sie kühn. »Lasst uns deshalb zuversichtlich vor den Thron unseres gnädigen Gottes treten. Dort werden wir Barmherzigkeit empfangen und Gnade finden, die uns helfen wird, wenn wir sie brauchen« (Hebräer 4,16).

Ein geistliches Drama

Eine wunderbare Veranschaulichung dieser Art Kühnheit finden wir in der Geschichte von Hadassa. Obwohl ihre Sprache und ihre Kultur mit unserer nur wenig gemein haben, kann sie etwas über die Macht einer an einen König gerichteten Bitte erzählen. Es bestehen jedoch einige Unterschiede. Sie richtete ihre Bitte nicht an ihren Vater, sondern an ihren Ehemann, den König. Sie bat nicht um einen Schreibtisch, sondern um die Errettung ihres Volkes. Und weil sie in den Thronsaal trat, weil sie dem König ihr Herz öffnete, änderte er seine Pläne und Millionen Menschen in 127 verschiedenen Ländern wurden gerettet.

Ich wünschte, Sie könnten Hadassa kennen lernen. Doch da sie im fünften Jahrhundert vor Christi Geburt lebte, ist ein solches Treffen unwahrscheinlich. Wir müssen uns damit zufrieden geben, über sie in dem Buch zu lesen, das ihren Namen – ihren anderen Namen – trägt, dem Buch Ester.

Was für ein Buch! Hollywood könnte sich keine dramatischere Geschichte ausdenken: Der böse Haman, der verlangte, dass alle ihm huldigten, der mutige Mordechai, der sich weigerte, vor Haman niederzuknien, Mordechais große Worte an Ester, dass sie vielleicht »gerade um dieser Zeit willen« Königin geworden sei, und Esters Vorhaben, ihr Volk zu retten. »Komme ich um, so komme ich um«, beschloss sie.

Werfen wir einen Blick auf die Hauptpersonen. Xerxes war König von Persien. Er war ein absoluter Monarch über ein Land, das sich von Indien bis Äthiopien erstreckte. Wenn Xerxes eine Augenbraue hob, änderte sich das Geschick der Welt. In dieser Hinsicht versinnbildlicht er die Macht Gottes, denn unser König führt Regie über alles Leben, und dabei hebt er nicht einmal eine Augenbraue.

Haman war die rechte Hand von Xerxes. Lesen Sie jedes Wort über diesen Mann und Sie werden nichts Gutes über ihn finden. Er war ein unersättlicher Egoist, der von jedem Menschen im Königreich verehrt werden wollte. Er überzeugte Xerxes davon, dass die Welt nach einem Holocaust besser aussähe, und setzte das Datum für den Völkermord an allen Kindern Abrahams fest.

Haman ist ein Diener der Hölle und ein Bild des Teufels selbst, dessen höchstes Ziel es ist, dass alle Knie sich vor ihm beugen. Satan hat auch keinen anderen Plan als die Verfolgung von Gottes erwähltem Volk. Er »will rauben, morden und zerstören« (Johannes 10,10). »Der Teufel ist voller Zorn zu euch hinabgekommen, und er weiß, dass ihm nur wenig Zeit bleibt« (Offenbarung 12,12). Seit der Lüge im Paradies hat er versucht, Gottes Plan zu vereiteln. In diesem Fall hofft Satan, die Juden und damit die Urahnen Jesu auszurotten. Für Haman ist das Blutbad kluge, selbstsüchtige Berechnung, für Satan geht es ums Überleben. Er wird alles tun, um das Kommen Jesu in die Welt zu verhindern.

Deshalb will er nicht, dass Sie beten, wie Jesus lehrte: »Dein Reich komme.«

Ester, Mordechais Adoptivtochter, wurde Königin, weil sie eine Art »Miss-Persien-Wettbewerb« gewann. An einem einzigen Tag wurde aus einem unbekannten Mädchen eine königliche Hoheit und in diesem Punkt ist sie Ihnen ähnlich.

Sie wohnen beide in einem Palast: Ester, die Braut des Xerxes, und Sie, die Braut Christi. Beide haben Sie Zugang zum Thron des Königs und beide haben Sie einen Berater, der Sie führt und lehrt. Ihr Berater ist der Heilige Geist, der Berater Esters war Mordechai.

Es war Mordechai, der Ester nahe gelegt hatte, ihre Volkszugehörigkeit geheim zu halten. Es war auch Mordechai, der Ester überredete, mit Xerxes über das bevorstehende Blutbad zu sprechen. Sie fragen sich vielleicht, warum sie dazu Ermutigung brauchte. Mordechai muss sich das auch gefragt haben. Doch hören Sie, welche Nachricht er von Ester erhielt: »Es wissen alle Großen des Königs und das Volk in den Ländern des Königs, dass jeder, der ungerufen zum König hineingeht in den inneren Hof, Mann oder Frau, nach dem Gesetz sterben muss, es sei denn der König strecke das goldene Zepter gegen ihn aus, damit er am Leben bleibe. Ich aber bin nun seit dreißig Tagen nicht gerufen worden, zum König hineinzukommen« (Ester 4,11; Luther). So seltsam es für uns klingen mag, nicht einmal die Königin durfte sich ohne Einladung dem König nähern. Wer unaufgefordert den Thronsaal betrat, riskierte den Galgen. Doch Mordechai überredet sie dazu, das Risiko auf sich zu nehmen. Wenn Sie sich fragen, warum ich Mordechai als Bild des Heiligen Geistes sehe, achten Sie darauf, wie er sie ermutigt, das Richtige zu tun. »Denke nicht, dass du dein Leben errettest, weil du im Palast des Königs bist, du allein von allen Juden. Denn wenn du zu dieser Zeit schweigen wirst, so wird eine Hilfe und Errettung von einem andern Ort her den Juden erstehen, du aber und deines Vaters Haus, ihr werdet umkommen. Und wer weiß, ob du nicht gerade um dieser Zeit willen zur königlichen Würde gekommen bist?« (Ester 4,13-14; Luther).

Achten Sie auf Esters Antwort: »Und am dritten Tage zog sich Ester königlich an und trat in den inneren Hof am Palast des Königs gegenüber dem Palast des Königs« (Ester 5,1; Luther).

Können Sie sie sehen? Sie sieht aus wie die Titelschönheit einer Modezeitschrift. Sehen Sie König Xerxes? Er blättert gerade in einer Ausgabe von *Motorwelt*. Rechts und links von ihm steht jeweils ein Hüne von Wachposten. Hinter ihm schwatzt ein Eunuch. Vor ihm liegt ein langer Tag mit Kabinettssitzungen und königlichem Bürokratismus. Er stößt einen Seufzer aus und sinkt auf seinem Thron ein wenig in sich zusammen ..., da erblickt er aus den Augenwinkeln Ester.

»Und als der König die Königin Ester im Hofe stehen sah, fand sie Gnade vor seinen Augen« (5,2). Auf gut Deutsch heißt das, dass er völlig hingerissen war. »Der König streckte das goldene Zepter in seiner Hand gegen Ester aus. Da trat Ester herzu und rührte die Spitze des Zepters an« (5,2).

Danach stürzen Satans Pläne wie ein Kartenhaus zusammen. Haman schmiedet Pläne, um Mordechai, den einzigen Mann, der nicht vor ihm auf dem Boden kriechen wollte, an den Galgen zu bringen. Ester plant einige Festessen für Xerxes und Haman. Am Ende des zweiten Festessens bittet Xerxes Ester, sie solle einen Wunsch äußern. Ester schaut etwas verlegen auf den Boden und antwortet so etwas wie: Nun, da du es ansprichst, möchte ich dich um einen klitzekleinen Gefallen bitten. Und sie informiert den König über den wütenden Antisemiten, der erpicht darauf ist, ihre Freunde wie Ratten zu töten, was bedeutet, dass Xerxes seine Braut verliert, wenn er nicht bald handelt – und das willst du doch nicht, Schatz, oder?

Xerxes fragt nach dem Namen des Mörders und Haman schielt nach dem Ausgang. Ester packt aus, Xerxes verliert die Fassung und stürmt aus dem Haus, um sich zu beruhigen. Als er zurückkommt, findet er Haman Ester zu Füßen liegen. Haman bittet um Barmherzigkeit, doch der König denkt, er mache sich gerade an die Königin heran. Noch bevor Haman die Möglichkeit hat, etwas zu erklären, wird er zu dem Galgen geschleppt, den er für Mordechai hat bauen lassen.

Haman bekommt den Strick Mordechais. Mordechai bekommt Hamans Arbeitsstelle. Ester kann in dieser Nacht wieder gut schlafen. Das Leben der Juden ist gerettet. Und wir werden in dramatischer Weise daran erinnert, was geschieht, wenn wir uns unserem König nähern.

Wie Ester wurden wir aus der Niedrigkeit herausgerissen und haben einen Platz im Palast erhalten.

Wie Ester tragen wir königliche Kleider; sie trug Kleider aus Stoff, unser Kleid ist die Gerechtigkeit vor Gott.

Wie Ester haben wir das Vorrecht, unsere Bitte vorzubringen.

Das hat auch Sara getan. Ihre Bitte war nicht Teil einer dramatischen Geschichte wie bei Ester, aber mit ihrer Bitte hat sie die Pläne ihres Vaters geändert. Übrigens endet das moderne Gleichnis von Sara und dem Schreibtisch nicht im Möbelgeschäft. Auf dem Heimweg bemerkte sie, dass mein Schreibtisch immer noch im Geschäft stand. »Ich glaube, der steht da noch, weil du nicht darum gebeten hast, Papa, stimmt's?« (Wir bekommen nicht, weil wir nicht bitten.)

Als wir ihren Schreibtisch ausluden, bat sie mich, ihn mit ihr einzuweihen, indem wir ein Bild malten. Ich malte ein Schild, auf dem stand: »Saras Schreibtisch«. Sie malte ein Schild, auf dem stand: »Ich liebe meinen Papa.« (Anbetung und Verehrung sind die richtige Antwort auf ein erhörtes Gebet.) Der beste Teil der Geschichte geschah jedoch erst am nächsten Tag. Ich berichtete von unserem Erlebnis in meiner Sonntagspredigt. Anschließend kam ein Ehepaar aus unserer Gemeinde bei uns vorbei, um den Schreibtisch abzuholen. Sie wollten ihn lackieren. Als sie ihn nach einigen Tage zurückbrachten, war er mit Engeln bedeckt. Und ich wurde daran erinnert, dass Gottes Reich tatsächlich kommt, wenn wir darum bitten. Alle Himmelsbewohner eilen uns zu Hilfe.

Kapitel 7

Das Studierzimmer

Wie Gott seinen Willen erkennen lässt

Dein Wille geschehe ...

Wäre die Begebenheit nicht so bekannt, könnte man fast darüber lachen. Zwei niedergeschlagene Jünger schleppen sich mühsam zurück nach Emmaus. Wer ihre gebeugten Schultern sieht, käme nicht auf den Gedanken, dass heute der Tag der Auferstehung ist. Ihr Gesichtsausdruck lässt darauf schließen, dass Jesus immer noch im Grab liegt. »Wir hatten gehofft, er sei der Christus, der Israel retten und erlösen wird«, jammern sie (Lukas 24,21).

Als ob er das nicht getan hätte! Wie kann man Jesus so nahe sein und das Wichtigste übersehen? Jesus hat in diesen Tagen die Welt erlöst und sie klagen über Rom? Jesus kam, um die Sünde und den Tod zu besiegen – und sie wollen, dass er den römischen Kaiser und die Soldaten besiegt? Jesus kam, um uns von der Hölle zu befreien – und sie wollen von Steuern befreit werden?

Sprechen Sie jetzt nicht von Verständigungsproblemen! Die beiden haben eine Revolution verpasst!

Vor einem Monat habe ich den gleichen Fehler begangen. Die Revolution, die ich verpasst habe, war nichts verglichen mit der, die die Jünger verpassten, doch ich habe sie auch verpasst.

Die Kolonien Neuenglands waren nach der Boston Tea Party nie mehr das, was sie zuvor waren. Europa war nach der

Invasion der Amerikaner in der Normandie nie mehr wie zuvor. Die Kirche war nicht mehr dieselbe, nachdem Luther seine fünfundneunzig Thesen an die Kirchentür von Wittenberg geschlagen hatte. Und mein Leben wird nie mehr sein, was es war, nachdem die E-Mail-Korrespondenz in unser Büro eingezogen ist.

Die zukunftsorientierten Denker unter den kirchlichen Mitarbeitern hatten monatelang für diese Änderung geworben. »Denken Sie nur«, wiederholten sie unermüdlich, »man bewegt nur die Maus und mit einem Klick ist die Nachricht verschickt.«

Sie haben gut reden. Sie verstehen den Computerjargon, aber ich nicht. Bis vor kurzem hatte ich keine Ahnung, was ein *Doppelklick* ist, und ich dachte, eine *Maus* sei ein Nagetier, das man mit Fallen fängt. *Einloggen* war für mich ein Fremdwort, und ich hatte keine Ahnung, wozu ein *Bildschirm* (ein Regenschirm oder ein Sonnenschirm für ein Bild?) da war. Woher sollte ich wissen, dass *Schnittstelle* ein Terminus der Computersprache ist? Ich dachte immer, das sei die Stelle, an der mein Finger blutet, wenn ich beim Brotschneiden nicht aufpasse.

Jedenfalls geschah es über Nacht. Ich schlief in der unkomplizierten Gesellschaft gelber Klebezettel ein und wachte in einer papierlosen E-Mail-Kultur auf. Sie können sich meine Verwirrung vorstellen, als jeder in diesem neuen Wortschatz daherplapperte. »Ich habe dir ein Memo gemailt, das ich unter www.confusion.com gefunden habe. Warum lädst du nicht dein bat.file in mein Sub-Dateiverzeichnis herunter, dann können wir uns im Internet zusammenschließen?«

»Hast du meine Mitteilung bekommen?«, erfüllte doch den gleichen Zweck.

Mir fehlt die Bürokultur von einst. Mir fehlen die versunkenen Zeiten mit Stiften, die über Papier huschten, und Haftnotizen, die an meiner Tür klebten. Ich sehne mich danach zurück, handschriftliche Vermerke zu entziffern und Notizzettel als Untersatz für meine Kaffeetasse zu benutzen. »Max Lucado hat

52 ungelesene Nachrichten in seinem Postfach.«»Max Lucado hat 93 ungelesene Nachrichten in seinem Postfach.«

Schließlich gab ich nach. Nachdem ich eingehend unterrichtet worden war und den Doppelklick mit dem Hamster (ich meine, mit der Maus) beherrschte, blickte ich in einen Raum voller Informationen, die alle auf mich warteten. Hier ein Brief aus Afrika, ein Witz über Prediger, etwa ein Dutzend Ankündigungen von Sitzungen (die ich verpasst habe – oh!). Innerhalb weniger Minuten bin ich auf dem Laufenden, informiert und, ich gebe es zu, vorurteilsfrei. So sehr es mir widerstrebt, es einzugestehen, es ist schön, solche Nachrichten zu bekommen.

Ganz ähnlich muss es den beiden Männern auf der Straße nach Emmaus ergangen sein. Auch ihnen waren einige Informationen entgangen. Auch sie waren verwirrt. Sie hatten jedoch mehr verpasst als ein Memo über eine Ausschusssitzung. Ihnen war die Bedeutung des Sterbens Jesu entgangen. Was ein Tag der Freude sein sollte, war für sie ein Tag der Verzweiflung. Warum? Sie wussten nicht, wie man Gottes Willen erkennt.

Da sind sie nicht die Einzigen. Viele von uns haben stundenlang auf den Bildschirm des Lebens gestarrt und sich gefragt, welche Information sie ihm entnehmen sollen. Wir wissen, dass Gott etwas mit unserem Leben vorhat. »Ich weiß wohl, was ich für Gedanken über euch habe, spricht der Herr: Gedanken des Friedens und nicht des Leides« (Jeremia 29,11; Luther).

Gott hat einen Plan und dieser Plan ist gut. Die Frage ist nur, wie wir zu diesem Plan Zugang bekommen. Andere Menschen scheinen Führung zu erleben, aber ich? Eine der besten Möglichkeiten, eine Antwort auf diese Frage zu finden, liegt in der genauen Betrachtung der Geschichte dieser beiden deprimierten Jünger auf der Straße nach Emmaus. Und ich kann mir keine bessere Zeit für die Beantwortung dieser Frage vorstellen als jetzt, wo wir den nächsten Raum im Haus Gottes betreten und beten: »Dein Wille geschehe.«

Das Studierzimmer

Auf demselben Flur wie die Kapelle liegt ein Raum ohne Fernsehgeräte, ohne Stereoanlagen und ohne E-Mails ausspuckende Computer. Stellen Sie sich ein altmodisches Studierzimmer vor, mit Bücherregalen an den Wänden, einem warmen Teppich auf dem Boden und einem einladenden Feuer im Kamin. Vor dem Kamin stehen zwei große Ohrensessel, einer für Sie und einer für Ihren Vater. Ihr Sessel ist frei und Ihr Vater bittet Sie, sich zu ihm zu setzen. Nehmen Sie Platz und fragen Sie ihn alles, was Ihnen am Herzen liegt. Keine Frage ist zu unbedeutend, keine Angelegenheit zu banal. Er hat alle Zeit der Welt. Kommen Sie und suchen Sie den Willen Gottes.

Wenn Sie beten:»Dein Wille geschehe«, dann suchen Sie das Herz Gottes. Das Wort *Wille* bedeutet »starker Wunsch«. Im Studierzimmer lernen wir, was Gott wünscht. Worin besteht sein Wesen? Was sind seine innigsten Wünsche? Er möchte, dass Sie es wissen.

Wird Gott das, was er vorhat, vor uns verheimlichen? Offensichtlich nicht, denn er hat so viel getan, um uns seinen Willen zu offenbaren. Hätte er mehr tun können, als seinen Sohn zu senden, um uns zu leiten? Hätte er mehr tun können, als uns sein Wort zu geben, um uns zu lehren? Hätte er mehr tun können, als Ereignisse zusammenkommen zu lassen, um uns wachzurufen? Hätte er mehr tun können als seinen Heiligen Geist zu senden, um uns zu beraten?

Gott ist nicht der Gott der Verwirrung, und immer wenn er Menschen mit fragendem Herzen sieht, die aufrichtig suchen, dann können Sie sich darauf verlassen, dass er alles tut, um ihnen zu helfen, seinen Willen zu erkennen.

Das hat er auch auf der Straße nach Emmaus getan. Die Jünger hielten den Tod Jesu für den Tod der Bewegung, sie packten ihre Sachen zusammen und gingen nach Hause. Auf diesem Weg erschien ihnen Jesus. Wie herrlich ist das Erscheinen Jesu auf dem Weg. Wenn ein Lamm den falschen Weg einschlägt und die Weide und den Hirten nicht findet, kommt unser Guter

Hirte, der es nicht allzu weit abdriften lassen will, und führt es nach Hause. Wie tut er das? Wie offenbart er uns seinen Willen? Sie sind vielleicht erstaunt, wie einfach es ist.

Durch das Volk Gottes

Der erste Fehler der beiden war, dass sie die Worte der anderen Jünger außer Acht ließen. Gott offenbart seinen Willen durch eine Gemeinschaft von Glaubenden. Am ersten Ostertag sprach er durch die Frauen, die zu den anderen Jüngern sprachen. »Aber heute Morgen waren einige Frauen aus unserer Gemeinschaft schon früh an seinem Grab und kamen mit einem erstaunlichen Bericht zurück. Sie sagten, sein Leichnam sei nicht mehr da und sie hätten Engel gesehen, die ihnen sagten, dass Jesus lebt« (Lukas 24,22-23).

Seine Art zu wirken hat sich nicht geändert. Jesus spricht immer noch zu Jüngern durch Jünger. »Durch ihn [Christus] wird der ganze Leib zu einer Einheit. Und jeder Teil erfüllt seine besondere Aufgabe und trägt zum Wachstum der anderen bei, sodass der ganze Leib gesund ist und wächst und von Liebe erfüllt ist« (Epheser 4,16).

Als ich heute Morgen zum Büro fuhr, sah mein Auge eine Verkehrsampel. Die Sensoren in meinem Auge nahmen wahr, dass die Farbe der Ampel rot war. Mein Gehirn glich diese Information mit meinem Gedächtnisspeicher ab und teilte meinem rechten Fuß die Bedeutung einer roten Ampel mit. Mein rechter Fuß reagierte, indem er das Gaspedal verließ und auf die Bremse drückte.

Was wäre geschehen, wenn mein Körper nicht richtig funktioniert hätte? Was wäre geschehen, wenn mein Auge beschlossen hätte, dass es kein Teil des Körpers ist, weil die Nase seine Gefühle verletzt hatte? Oder wenn der Fuß es satt gehabt hätte, herumkommandiert zu werden, und beschlossen hätte, auf das Gaspedal statt auf die Bremse zu drücken? Oder wenn der rechte Fuß unter Schmerzen gelitten hätte, aber zu stolz gewesen wäre, es dem linken Fuß mitzuteilen, so dass der linke Fuß nicht gewusst hätte, dass er eingreifen und helfen muss? In allen Fällen wäre das Ergebnis ein Unfall gewesen.

Gott hat jedem Teil des Leibes Christi eine Aufgabe zugewiesen. Eine Art und Weise, wie Gott seinen Willen offenbart, ist sein Reden durch die Gemeinde. Er spricht durch ein Glied seines Leibes zu einem anderen Glied. Dies kann in einer Bibelstunde, einer kleinen Gruppe, während des Abendmahls oder beim Kirchkaffee geschehen. Gott hat so viele Methoden, wie er Leute hat.

Übrigens ist dies ein Grund dafür, dass Satan nicht will, dass Sie in die Kirche gehen. Sie haben es bestimmt schon bemerkt, dass auch Sie sich in Richtung Emmaus davonmachen, wenn Sie in einem geistlichen Tief stecken. Sie wollen dann nicht mit anderen Christen zusammen sein. Oder, wenn Sie doch zum Gottesdienst kommen, dann verkrümeln Sie sich schnell wieder und bringen als Entschuldigung vor, dass Sie kochen müssen oder noch Arbeit zu erledigen haben. Die Wahrheit ist, dass Satan nicht will, dass Sie Gottes Willen hören. Und da Gott seinen Kindern seinen Willen durch andere Kinder Gottes mitteilt, will er nicht, dass Sie zum Gottesdienst kommen. Er will auch nicht, dass Sie die Bibel lesen. Was uns zu einem zweiten Weg führt, auf dem Gott seinen Willen offenbart.

Durch das Wort Gottes

Die Jünger beachteten das Wort Gottes nicht. Das war ihr zweiter Fehler. Anstatt die Heilige Schrift zu Rate zu ziehen, hörten sie auf ihre Ängste. Jesus korrigiert diesen Fehler, indem er ihnen erscheint und erklärt, was die Bibel sagt. Von jemandem, der eben den Tod besiegt hat, hätten wir etwas Dramatischeres erwartet – dass er einen Baum in einen Hund verwandelt oder die Jünger einige Zentimeter über der Erde schweben lässt. Doch Jesus sieht keine Veranlassung, mehr zu tun, als seine Nachfolger wieder mit der Heiligen Schrift bekannt zu machen.

»›Was seid ihr doch für unverständige Leute! Es fällt euch so schwer zu glauben, was die Propheten in der Schrift gesagt haben. Haben sie nicht angekündigt, dass der Christus alle diese Dinge erleiden muss, bevor er verherrlicht wird?‹ Und er begann bei Mose und den Propheten und erklärte ihnen alles, was in der Schrift über ihn geschrieben stand« (Lukas 24,25-27).

Indem er sie an die Worte von Mose und den Propheten erinnert, benutzt er die Heilige Schrift, um seinen Willen zu offenbaren. Tut er das nicht auch heute? Schlagen Sie das Wort Gottes auf und Sie werden seinen Willen finden.

»Und es ist der Wille Gottes, dass ich von allen, die er mir gegeben hat, auch nicht einen verliere, sondern sie am letzten Tag zum ewigen Leben auferwecke« (Johannes 6,39).

»Sie wurden dies [Kinder Gottes] weder durch ihre Abstammung noch durch menschliches Bemühen oder Absicht, sondern dieses neue Leben kommt von Gott« (Johannes 1,13).

»Genauso ist es nicht der Wille meines Vaters, dass auch nur eines von diesen Kindern verloren geht« (Matthäus 18,14).

»Denn mein Vater will, dass alle, die seinen Sohn sehen und an ihn glauben, das ewige Leben haben – und dass ich sie am letzten Tag auferwecke« (Johannes 6,40).

Es ist sein Wille, dass die Welt gerettet wird. Wenn ich das weiß, ist es meine Aufgabe, diesem Willen zu entsprechen. Immer wenn ich mich zwischen zwei Wegen zu entscheiden habe, muss ich mich fragen: »Welcher Weg trägt zum Wachstum von Gottes Reich bei?«

Manchmal liegt es auf der Hand. Es ist zum Beispiel unmöglich, dass Pornographie die Sache Gottes vorwärts bringt. Es ist undenkbar, dass Unterschlagung das Reich Gottes fördert (auch wenn Sie von Ihrer Beute den Zehnten geben). Ich würde auch einer Person nicht zustimmen, die ihre Drogenabhängigkeit damit rechtfertigt, dass dies eine Möglichkeit sei, dem Geheimnis Gottes näher zu kommen.

In anderen Fällen ist die Antwort nicht so klar, aber die Frage ist trotzdem hilfreich. Stehen Sie vor der Entscheidung zwischen zwei Berufen? Ermöglicht es Ihnen einer davon, Ihren Einfluss für das Reich Gottes geltend zu machen? Sind Sie zwischen zwei Kirchen hin und her gerissen? Gibt Ihnen eine mehr Möglichkeiten, Gott zu verherrlichen? Sie fragen sich, ob diese Person der richtige Ehepartner für Sie ist? Fragen Sie sich: Wird er oder sie mir helfen, Gott zu verherrlichen?

Sein *allgemeiner* Wille gibt uns Richtlinien, die uns helfen, seinen *speziellen* Willen für unser persönliches Leben zu verstehen.

Durch die Gegenwart Gottes

»Sie baten ihn inständig ... bei ihnen zu bleiben, da es schon dunkel wurde. Da trat er mit ihnen ins Haus« (Lukas 24,29).

Wir lernen Gottes Willen auch dadurch erkennen, dass wir Zeit in seiner Gegenwart verbringen. Der Schlüssel zur Erkenntnis Gottes ist eine Beziehung zu ihm. Eine *persönliche* Beziehung. Mit Ihnen spricht Gott anders als mit anderen Menschen. Dass Gott zu Mose aus einem brennenden Busch sprach, bedeutet nicht, dass wir uns alle neben einen Busch setzen und darauf warten sollen, dass er spricht. Gott hat einen Fisch benutzt, um Jona zu überzeugen. Sollen wir deshalb unsere Gottesdienste am Strand feiern? Nein. Gott offenbart sich jedem Menschen anders.

Deshalb ist es wichtig, wie Sie Ihr Leben mit Gott gestalten. Sein Herz kann man nicht bei einem gelegentlichen Plausch oder bei einem wöchentlichen Besuch kennen lernen. Wir erkennen seinen Willen, wenn wir uns täglich in seinem Haus bewegen.

Wenn Sie aufs Geratewohl einen Namen aus dem Telefonbuch heraussuchen und mich fragen: »Max, was denkt Hans Werauchimmer über Ehebruch?«, dann könnte ich keine Antwort geben. Ich kenne Hans Werauchimmer nicht. Wenn Sie mich aber fragen: »Max, was denkt Denalyn Lucado über Ehebruch?«, dann bräuchte ich sie nicht einmal anzurufen. Ich weiß es. Sie ist meine Frau. Wir haben lange genug zusammengelebt, dass ich weiß, was sie denkt.

Das gilt auch für Gott. Wenn Sie sich lange genug in seiner Gegenwart aufhalten, dann lernen Sie sein Herz kennen. Wenn Sie mit ihm Zeit in seinem Studierzimmer verbringen, dann erkennen Sie seine innigsten Wünsche. Öffnen Sie ihm den Zugang zu Ihrer Seele, dann werden Sie seinen Willen erkennen.

Haben Sie übrigens bemerkt, wie seltsam Jesus sich verhielt: »Mittlerweile näherten sie sich ihrem Ziel, dem Dorf Emmaus. Es schien so, als ob Jesus weitergehen wollte« (Lukas 24,28).

Will Jesus nicht mit seinen Jüngern zusammen sein? Natürlich will er das. Aber er will nicht da sein, wo er nicht eingeladen wurde. Ganz Gentleman wartet unser Herr auf unsere Einladung. Bitte beachten Sie: Erst nachdem sie ihre Einladung ausgesprochen hatten, »gingen ihnen die Augen auf und sie erkannten ihn« (V. 31).

Es gibt noch eine andere Art und Weise, wie Gott seinen Willen offenbart.

Durch das Feuer Gottes

»Da wurden ihre Augen geöffnet, und sie erkannten ihn. Und er verschwand vor ihnen. Und sie sprachen untereinander: Brannte nicht unser Herz in uns, als er mit uns redete auf dem Wege und uns die Schrift öffnete?« (Lukas 24,31-32; Luther).

Finden Sie diesen Vers nicht wunderbar? Die beiden wussten, dass sie mit Jesus zusammen waren, weil ihr Herz brannte. Gott offenbart seinen Willen, indem er ein Feuer in Ihrer Seele anzündet. Er schenkte Jeremia Feuer für harte Herzen. Er schenkte Nehemia Feuer für eine vergessene Stadt. Er entfachte Abrahams Begeisterung für ein Land, das er nie gesehen hatte. Er entfachte Jesajas Kräfte für eine Vision, der er nicht widerstehen konnte. Vierzig Jahre ergebnisloses Predigen haben das Feuer in Noah nicht ausgelöscht. Vierzig Jahre Wanderschaft in der Wüste haben Moses Leidenschaft nicht erstickt. Josua wurde vom Anblick Jerichos nicht aufgehalten und David wurde von Goliath nicht abgeschreckt. Ein Feuer brannte in ihnen.

Brennt ein solches Feuer nicht auch in Ihnen? Wollen Sie Gottes Willen für Ihr Leben erkennen? Dann beantworten Sie diese Frage: Wofür brennt Ihr Herz? Für vergessene Waisenkinder? Unerreichte Völker? Für die Armenviertel von Großstädten oder einsame ländliche Gebiete?

Achten Sie auf das Feuer in Ihnen!

Singen Sie leidenschaftlich gerne? Dann singen Sie!

Fühlen Sie sich zum Leiter berufen? Dann leiten Sie!

Leiden Sie mit den Kranken? Dann behandeln Sie sie!

Empfinden Sie mit den Verlorenen? Dann lehren Sie sie!

Als junger Mann verspürte ich den Ruf zu predigen. Da ich unsicher war, ob ich Gottes Willen für mich richtig erkannt hatte, suchte ich bei einem Pastor, den ich bewunderte, Rat. Sein Rat ist mir heute noch wichtig: »Predige nicht, wenn du nicht musst.«

Als ich über diese Worte nachdachte, fand ich meine Antwort: »Ich muss. Wenn ich es nicht tue, verzehrt mich das Feuer.«

Welches Feuer verzehrt Sie?

Merken Sie sich: Jesus kommt, um ein Feuer in Ihnen anzuzünden! Er geht wie eine Fackel von Herz zu Herz, wärmt die Kalten, taut die Erstarrten auf und entfacht die Glut unter der Asche. Manchmal ist dieses Feuer wie ein riesiger Flächenbrand, ein anderes Mal wie eine anheimelnde Kerze. Es kommt, um Infektionsherde zu reinigen und Ihren Weg zu erhellen.

Das Feuer in Ihrem Herzen erhellt Ihren Weg. Wenn Sie es außer Acht lassen, schaden Sie sich selbst. Fachen Sie es an – Sie werden dabei Freude erleben! Schüren Sie es, unterhalten sie es! Zyniker werden es in Frage stellen. Menschen, die es nicht kennen, werden sich darüber lustig machen. Aber diejenigen, die es kennen – diejenigen, die *ihn* kennen – werden es verstehen.

Den Herrn kennen lernen bedeutet, brennend zu werden.

Die Flamme entdecken bedeutet, seinen Willen zu entdecken.

Und seinen Willen entdecken bedeutet, Zugang zu einer Welt zu erhalten, wie Sie sie noch nie gesehen haben.

Kapitel 8

Der Heizkessel

Weil jemand betet

Auf Erden wie im Himmel ...

Ich möchte Sie bitten, an jemanden zu denken. Sein Name ist nicht wichtig. Wie er aussieht ist unwesentlich. Sein Geschlecht ist Nebensache. Sein Titel ist unerheblich. Er ist nicht wichtig, aufgrund dessen, was er ist, sondern aufgrund dessen, was er getan hat.

Er ging für einen Freund zu Jesus. Sein Freund war krank, Jesus konnte helfen, jemand musste zu Jesus gehen, also ging er. Andere kümmerten sich auf andere Weise um den Kranken. Manche brachten Essen, andere sorgten für medizinische Behandlung, wieder andere trösteten die Familie. Jede Aufgabe war wichtig. Jeder Mensch war hilfreich, doch keiner war so wichtig wie der, der zu Jesus ging.

Er ging, weil er darum gebeten wurde. Eine flehentliche Bitte wurde von der Familie des Bettlägerigen an ihn gerichtet. »Wir brauchen jemanden, der Jesus sagt, dass mein Bruder krank ist. Wir brauchen jemanden, der ihn bittet zu kommen. Gehst du?«

Die Bitte kam von zwei Schwestern. Sie wären selbst gegangen, aber sie konnten das Krankenlager ihres Bruders nicht verlassen. Sie brauchten jemanden, der für sie ging. Nicht irgendjemanden, denn nicht jeder hätte den Auftrag ausführen können. Manche waren zu beschäftigt, andere kannten den Weg nicht. Manche ermüdeten zu schnell, andere waren zu unerfahren für den Weg. Nicht jeder konnte gehen.

Und nicht jeder würde gehen. Es war kein kleines Ansinnen, das die Schwestern stellten. Sie brauchten einen gewissenhaften Botschafter, einen, der wusste, wie er Jesus finden würde. Jemanden, der nicht auf halbem Weg aufgeben würde. Jemanden, der sicherstellen würde, dass die Botschaft überbracht wurde. Jemanden, der so wie sie davon überzeugt war, dass Jesus *unbedingt* erfahren musste, was geschehen war.

Sie wussten von einer zuverlässigen Person und zu dieser Person gingen sie. Sie vertrauten ihre Bedürfnisse jemandem an und dieser Jemand brachte diese Bedürfnisse vor Jesus.

»Weil ihr Bruder Lazarus krank geworden war, schickten die beiden Schwestern Jesus eine Nachricht und ließen ihm ausrichten: ›Herr, der, den du lieb hast, ist sehr krank‹« (Johannes 11,3).

Jemand richtete es aus. Jemand machte sich auf den Weg. Jemand ging für Lazarus zu Jesus. Und weil jemand ging, reagierte Jesus.

Ich möchte Ihnen eine Frage stellen: Wie wichtig war dieser Mensch für die Heilung des Lazarus? Wie bedeutend war seine Rolle? Manche halten diesen Menschen für nebensächlich. Jesus weiß doch sowieso alles, oder? Sicherlich wusste er, dass Lazarus krank war. Ja, aber er hat auf die Not erst reagiert, als jemand mit der Botschaft zu ihm kam. »Als Jesus jedoch davon hörte, sagte er: ›Lazarus' Krankheit wird nicht zum Tode führen; sie dient vielmehr der Verherrlichung Gottes. Der Sohn Gottes‹ wird durch sie verherrlicht werden‹« (V. 4).

Wann wurde Lazarus geheilt? Nachdem *jemand* darum gebeten hatte. Oh, ich weiß, die Heilung fand erst nach mehreren Tagen statt, aber die Zeit begann zu laufen, als die flehentliche Bitte vorgebracht wurde. Alles war danach nur noch eine Frage der Zeit.

Hätte Jesus reagiert, wenn der Botschafter nicht gesprochen hätte? Vielleicht, aber dafür haben wir keine Garantie. Wir haben jedoch ein Beispiel: Die Macht Gottes wurde durch Gebet in Gang gesetzt. Jesus schaute tief in den Rachen des Todes und rief Lazarus ins Leben zurück ... all das, weil jemand betete.

Der Heizkessel

Im Haus Gottes steht ein Heizkessel. Dieser Heizkessel erwärmt das ganze Haus und Ihre Gebete versorgen den Heizkessel mit Brennstoff. Ihre Fürbitten sind die Kohlen, die auf das Feuer gelegt werden. Ihre Bitten sind Brennholz für die Flammen. Der Heizkessel ist solide gebaut, der Abzug ist offen; alles, was noch benötigt wird, ist Ihr Gebet.

»Betet immer und in jeder Situation mit der Kraft des Heiligen Geistes. Bleibt wachsam und betet auch beständig für alle, die zu Christus gehören« (Epheser 6,18).

In der Wirtschaftsordnung des Himmels sind die Gebete der Heiligen eine kostbare Ware. Der Apostel Johannes würde dem zustimmen. Er schrieb die Geschichte von Lazarus auf und achtete darauf, die Reihenfolge klarzumachen: Die Heilung begann, als die Bitte ausgesprochen wurde.

Dies ist nicht das einzige Mal, dass Johannes auf diesen Sachverhalt hinweist. Lesen Sie, was Johannes später geschrieben hat: »Es war der Tag des Herrn, und ich betete im Geist. Plötzlich hörte ich hinter mir eine laute Stimme wie von einer Posaune« (Offenbarung 1,10).

Am Tag des Herrn im Geist

Wir haben eben einen Sprung von sechzig Jahren gemacht. Johannes ist jetzt alt. Er ist die Gestalt mit dem silbernen Haar, die am Strand durch zerklüftete Felsbrocken steigt. Er sucht nach einer flachen Stelle, damit er sich hinknien kann. Es ist der Tag des Herrn. Und Johannes will mit seinem Herrn sprechen.

Wir wissen nicht, wer diesen Tag als Erster den Tag des Herrn genannt hat, doch wir wissen, warum. Es war und ist sein Tag. Dieser Tag gehört ihm. An jenem Morgen hat er die Hölle selbst besiegt. Verhör und Hinrichtung am Freitag wurden zur Posaune am Sonntag. Dies ist der Tag des Herrn.

Es ist auch der geistliche Geburtstag von Johannes. Jahrzehnte zuvor, am ersten Tag des Herrn, wurde Johannes von dieser Meldung aus seinem Schmerz und aus dem Schlaf gerissen: »Sie haben den Herrn aus dem Grab weggenommen, und ich weiß nicht, wo sie ihn hingebracht haben« (Johannes 20,2). Auf Beinen, die viel jünger und stärker waren als heute, rannte Johannes damals zum leeren Grab und erfüllte die Verheißung. Über sich selbst berichtete er später: »Da ging auch der andere Jünger hinein, der zuerst zum Grab gekommen war, und sah und glaubte« (Johannes 20,8; Luther).

Nach der Auferstehung setzte die Verfolgung ein und der Vater zerstreute seine Jünger über die damals bekannte Welt, wie der Frühlingswind die Samen von Löwenzahn ausstreut. Johannes, der Augenzeuge, kam nach Ephesus. Es besteht Grund zur Annahme, dass er dort jeden Tag des Herrn so verbrachte wie den ersten, nämlich, indem er einen Freund zum leeren Grab Jesu führte.

Aber an diesem Sonntag hat er keinen Freund, den er zum Grab begleiten kann. Er lebt im Exil, von seinen Freunden getrennt. Allein auf Patmos, von der Umwelt abgeschnitten. Der Federstrich eines Gerichtsbeamten hat ihn dazu verurteilt, seine Tage ohne Gefährten, ohne Gemeinde, ohne Kirche zu verbringen.

Rom hatte die Zunge von Petrus und die Feder von Paulus zum Schweigen gebracht. Jetzt würde Rom den Hirtenstab von Johannes zerbrechen. Zweifellos bildete Rom sich auf diese Ächtung etwas ein. Die eiserne Faust des Kaisers würde nach und nach das zerbrechliche Werk des Galiläers zermalmen.

Hätte Rom nur gewusst ...! Aber Rom hatte keine Ahnung, keinen blassen Schimmer. Denn was von Rom als Isolierung gedacht war, wurde vom Himmel zur Offenbarung bestimmt. Rom schickte Johannes zur Strafe nach Patmos. Der Himmel machte aus dem Aufenthalt des Johannes auf Patmos ein Vorrecht. Der Apostel, der das offene Grab Christi sah, sollte einen Blick durch die offene Tür des Himmels werfen. Es war der Tag des Herrn. Dagegen konnte Rom nichts machen. Es war der Tag des Herrn in Rom und in Jerusalem. Es war der Tag des Herrn in Ägypten und in Äthiopien und sogar auf den kargen Felsen von Patmos. Es war der Tag des Herrn. Und Johannes betete am Tag des Herrn, nach seinen eigenen Worten »im Geist«. Obwohl er von Menschen abgeschnitten war, lebte er in der Gegenwart Gottes. Obwohl er von seinen Freunden weit entfernt war, stand er in engem Kontakt mit seinem Freund Jesus. Er betete.

Und während er betete, trat wieder ein Engel zu ihm. Und wieder sah er, was kein Mensch zuvor gesehen hatte. Dieselben Augen, die den auferstandenen Herrn erblickt hatten, sahen jetzt den Himmel offen stehen. Und im Verlauf der nächsten Sekunden, Minuten oder Tage erlebte Johannes das Dramatische und das Faszinierende des Lebens in der Endzeit und in der Gegenwart Gottes.

Und der Himmel schwieg

Obwohl viel über das, was Johannes sah, gesagt werden kann, wollen wir uns auf das konzentrieren, was er hörte. Bevor Johannes erzählt, was er sah, spricht er von dem, was er hörte, und was er hörte, war verblüffend: »Es war der Tag des Herrn, und ich betete im Geist. Plötzlich hörte ich hinter mir eine laute Stimme wie von einer Posaune« (Offenbarung 1,10). Ich kann mir eine Stimme vorstellen und ich kann mir eine Posaune vorstellen, aber eine Stimme mit Blechbläserklang übersteigt meine Vorstellungskraft. Und so werden wir in die Welt der Offenbarung eingeführt, eine eigene Welt, in der alles, was auf der Erde nicht geschehen kann, im Himmel geschieht.

Acht Kapitel lang lesen wir über die Töne des Himmels, die das Ohr des Johannes wahrnahm – die herrlichen, lauten, ungestümen, sanften, heiligen Klänge des Himmels. Die Engel sprechen. Der Donner grollt. Die Lebewesen singen »Heilig, heilig, heilig«, und die Ältesten beten an: »Du bist würdig, unser Herr und Gott, Herrlichkeit und Ehre und Macht entgegenzunehmen. Denn du hast alle Dinge geschaffen« (4,10). Die Seelen der Märtyrer rufen: »Wie lange?« (6,10). Die Erde bebt und die Sterne fallen auf die Erde wie Feigen, die durch einen Sturm vom Baum geschüttelt werden. Hundertvierundvierzigtausend Menschen aus allen Nationen, Stämmen, Völkern und Sprachen rufen mit lauter Stimme: »Die Rettung kommt von unserem Gott, der auf dem Thron sitzt, und von dem Lamm« (7,10). Die Luft ist erfüllt mit Klängen – Erdbeben, Posaunen, Verkündigungen und Erklärungen. Vom ersten Wort des Engels an herrscht ständig Betriebsamkeit und ein unaufhörliches Lärmen, doch dann »herrschte etwa eine halbe Stunde lang Stille im Himmel« (8,1). Seltsam, plötzlich diese genaue Zeitangabe. An keiner anderen Stelle ist die Zeit angegeben. Wir erfahren nichts über die Länge der Anbetung oder die Dauer der Gesänge, doch die Stille dauerte »etwa eine halbe Stunde«. Was soll das heißen, »etwa eine halbe Stunde«, möchten wir fragen. Hat Johannes auf die Uhr geschaut? Und warum »eine halbe Stunde«? Warum nicht fünfzehn Minuten oder eine Stunde? Ich weiß es nicht. Ich weiß nicht, ob Johannes dies wörtlich meint oder im übertragenen Sinn. Aber ich weiß, dass der Himmel verstummte, als das Lamm das siebte Siegel öffnete, so wie ein Orchester still wird, wenn der Dirigent den Taktstock hebt.

Wie die ersten sechs Siegel offenbarten, wie Gott handelt, so offenbarte das siebte Siegel, wie Gott hört. Schauen wir, was geschieht, nachdem das siebte Siegel geöffnet wurde.

»Als das Lamm das siebte Siegel öffnete, herrschte etwa eine halbe Stunde lang Stille im Himmel. Und ich sah die sieben Engel, die vor Gott stehen, und es wurden ihnen sieben Posaunen gegeben. Dann kam ein anderer Engel mit einer goldenen Räucherpfanne und trat vor den Altar. Ihm wurde viel Räucherwerk gegeben, damit er es mit den Gebeten derer, die zu Gott gehören, auf dem goldenen Altar vor dem Thron darbringe. Der Rauch des Räucherwerks stieg mit ihren Gebeten von dem Altar, auf dem der Engel sie ausgegossen hatte, zu Gott auf. Dann füllte der Engel die Räucherpfanne mit Feuer vom Altar und warf sie auf die Erde; da donnerte und blitzte es, und die Erde erbebte« (Offenbarung 8,1-5).

Die Lieder verstummten. Die Wesen in der himmlischen Stadt schwiegen. Der Lärm verhallte. Eine plötzliche Stille breitete sich aus. Warum? Warum erhob das Lamm seine Hand, um Stille zu gebieten? Warum verstummten die Stimmen mit Blechbläserklang? Weil jemand betete. Der Himmel hielt inne und der Himmel hält inne, um die Gebete von ... jemandem zu hören. Das Gebet einer Mutter für ihr Kind. Das Gebet eines Pastors für seine Gemeinde. Das Gebet eines Arztes für einen Kranken. Das Gebet eines Seelsorgers für einen Ratlosen. Jemand tritt mit einer Last vor den Heizkessel und betet: »Herr, der, den du lieb hast, ist krank.«

Als Jesus davon hörte

Der Satz, den der Freund von Lazarus gebrauchte, ist bemerkenswert. Als er Jesus von der Krankheit berichtete, sagte er: »Herr, der, den du lieb hast, ist krank.« Er gründet seine Bitte nicht auf die unvollkommene Liebe des Menschen in Not, sondern auf die vollkommene Liebe Jesu. Er sagt nicht: »Der, der *dich lieb hat*, ist krank.« Er sagt: »Der, den *du lieb hast*, ist krank.« Mit anderen Worten: Die Macht des Gebets hängt nicht von dem ab, der das Gebet spricht, sondern von dem, der das Gebet hört.

Wir können und müssen den Satz in unterschiedlicher Weise wiederholen. »Der, den du lieb hast, ist müde, traurig, hungrig, einsam, angsterfüllt, niedergeschlagen.« Die Worte des Gebetes ändern sich, aber die Antwort bleibt immer gleich. Jesus hört das Gebet. Er gebietet dem Himmel Schweigen, damit ihm kein Wort entgeht. Er hört das Gebet. Denken Sie an den Satz aus dem Johannesevangelium: »Als Jesus jedoch davon *hörte*, sagte er: ›Lazarus' Krankheit wird nicht zum Tode führen‹« (Johannes 11,4).

Der Herr hörte die Bitte. Jesus ließ alles stehen und liegen und nahm die Worte des Mannes zur Kenntnis. Dieser anonyme Bote wurde von Gott gehört.

Wir leben in einer lauten Welt. Es ist nicht leicht, die Aufmerksamkeit eines Menschen zu gewinnen. Dieser Mensch muss bereit sein, alles beiseite zu legen und zuzuhören: das Radio abschalten, den Blick vom Bildschirm wenden, das Buch und die Zeitung weglegen. Wenn jemand bereit ist, alles andere zum Schweigen zu bringen, damit er uns deutlich hören kann, dann ist das ein Vorrecht. Ein seltenes Vorrecht.

Deshalb ist Johannes' Botschaft so bedeutsam. Sie können zu Gott sprechen, weil Gott zuhört. Im Himmel hat Ihre Stimme Gewicht. Gott nimmt Sie sehr ernst. Wenn Sie in seine Gegenwart treten, wenden sich die Diener Ihnen zu, um Ihre Stimme zu hören. Keine Angst, dass Sie überhört werden, auch wenn Sie stottern und stammeln, auch wenn das, was Sie zu sagen haben, niemanden beeindruckt, es beeindruckt Gott – und er hört zu. Er hört auf das schmerzliche Flehen des alten Mannes im Altenheim. Er hört auf das knappe Bekenntnis des zum Tode Verurteilten. Wenn der Alkoholkranke um Barmherzigkeit bettelt, wenn die Ehefrau um Führung bittet, wenn der Geschäftsmann von der Straße weg in die Kirche tritt, hört Gott zu.

Er ist ein aufmerksamer und interessierter Zuhörer. Unsere Gebete werden bei ihm in Ehren gehalten wie kostbare Edelsteine. Gereinigt und mit Kraft ausgestattet steigen die Worte Ihres Gebets wie ein köstlicher Wohlgeruch zum Herrn auf. »Der Rauch des Räucherwerks stieg mit ihren Gebeten von dem Altar, auf dem der Engel sie ausgegossen hatte, zu Gott auf« (Offenbarung 8,4). Unglaublich. Ihre Worte machen nicht Halt, bis sie den Thron Gottes erreicht haben.

»Dann füllte der Engel die Räucherpfanne mit Feuer vom Altar und warf sie auf die Erde« (Offenbarung 8,5). Ein Ruf und die Truppe des Himmels erscheint. Ihr Gebet auf der Erde setzt

Gottes Macht im Himmel in Bewegung, und »Gottes Wille geschieht hier auf der Erde genauso wie im Himmel«.
Sie gehören zu Gottes Reich. Sie haben Zugang zu Gottes Heizkessel. Ihre Gebete geben Gott den Anstoß dazu, die Welt zu verändern. Sie verstehen vielleicht das Geheimnis des Gebets nicht. Das brauchen Sie auch gar nicht. Aber eines ist klar: Der Himmel beginnt zu handeln, wenn jemand auf der Erde betet. Welch ein überwältigender Gedanke!

Wenn sie sprechen, hört Jesus.
Und wenn Jesus hört, donnert und blitzt es.
Und wenn es donnert und blitzt, wird die Welt verändert.
Alles, weil da jemand betet.

Kapitel 9

Die Küche

Gottes reich gedeckter Tisch

Unser tägliches Brot gib uns heute ...

In dieser Woche habe ich eine kleine Untersuchung zum Thema Esskultur angestellt. Dabei fand ich heraus, dass die meisten Menschen sehr gerne über das Essen sprechen. Falls Sie also mal einen Aufhänger für ein Gespräch brauchen, dann versuchen Sie es doch mit der Frage: »Kennt jemand seltsame Essgewohnheiten?« Es wird an Geschichten nicht mangeln. Die Küche scheint *der* Ort zu sein, mit dem wir alle unsere Erfahrungen haben. Da gibt es den Onkel, der auf jedes Essen Sirup gießt. (»Wirklich jedes Essen?«, fragte ich. *Jedes*, wurde mir versichert.)

Dann ist da der Vater, der seinen Kuchen in Bratensoße tunkt, und der andere Vater, der seinen Apfelkuchen vom äußeren Rand her isst. (Er sagt, er möchte die Spitze bis zum Schluss aufheben.)

Und der Vater (nämlich meiner), der sein Brot immer in Buttermilch einbrockte.

Ein anderer erinnert sich an ein Ammenmärchen, laut dem man Eiscreme mit dem umgedrehten Löffel essen muss, um keine Kopfschmerzen zu bekommen. Wieder anderen wurde geraten, nach Fisch Brot zu essen und zu Fisch nie Milch zu trinken.

Ich war erstaunt, wie viele Menschen die verschiedenen Teile eines Gerichts nicht mischen wollen. (»Zuerst esse ich alle

Bohnen, dann die Kartoffeln und danach das Fleisch.« – Verbessern Sie mich, wenn ich mich irre, aber wird nicht im Magen sowieso alles vermischt?) Einer meiner Bekannten treibt es wirklich zu weit. Er braucht sogar für jeden Teil der Mahlzeit einen gesonderten Teller.

Ein Ass in Geschichte brachte mir in Erinnerung, dass während der Kolonialzeit die Fußböden in amerikanischen Küchen eine Vertiefung hatten, in die die Knochen geworfen wurden; neben dieser Vertiefung warteten schon die Hunde. Und wo wir schon von Hunden sprechen: Einige erzählten von ihren Kindertagen, als sie das Essen, das sie nicht mochten, ihrem Haustier zuschoben und dann unschuldig lächelten, als Mama sie wegen des leeren Tellers lobte.

In China sind Rülpser erwünscht. Und ein leerer Teller ist in einigen südlichen Ländern für Ihre Gastgeberin ein Hinweis darauf, dass Sie noch hungrig sind. Der Brauch, Messer und Gabel auf dem Teller zu kreuzen, wenn man mit dem Essen fertig ist, wurde vom italienischen Adel eingeführt, der das Kreuz als Danksagung betrachtete.[1]

Freiherr von Knigge hätte über einige der ersten Benimm-Schriften gestöhnt. In einer Abhandlung aus dem Jahr 1530 steht: »Wenn du einen Essenbrocken nicht hinunterschlucken kannst, drehe dich unauffällig um und spucke ihn irgendwo hin.«[2]

Meine Lieblingsgeschichte zum Thema Tischsitten handelt von einem Mann mit neun Söhnen. Seine Küchenregel war einfach: Papa bekommt das letzte Stück Braten. Wenn er es nicht will, gewinnt die schnellste Gabel. Eines Abends, als alle zehn auf das letzte Stück Fleisch auf der Platte schielten, fiel wegen eines Gewitters der Strom aus. Im Dunkeln hörte man einen Schrei, und als das Licht wieder anging, lag Papas Hand auf der Fleischplatte und neun Gabeln steckten in ihr.

Jeder kennt Geschichten, die sich um Kochen und Essen drehen, weil die Küche für jeden Menschen ein wichtiger Erlebnisraum ist. Es ist gleichgültig, ob Sie an ein Lagerfeuer im Dschungel oder an ein Feinschmeckerlokal in Paris denken, Sie haben schon früh gelernt, dass in diesem Raum für Ihre grundlegenden Bedürfnisse gesorgt wird. Eine Garage ist entbehrlich, ohne ein Wohnzimmer kann man auskommen, ein Arbeitszimmer ist Luxus. Aber eine Küche? Absolut lebenswichtig. Jedes Haus hat eine. Sogar das Haus Gottes.

Küchenregeln

Oder vielleicht sollten wir sagen, *besonders* das Haus Gottes. Denn wer ist mehr um Ihre grundlegenden Bedürfnisse besorgt als Ihr Vater im Himmel? Gott ist kein lebensfremder Guru, der nur an Mystischem und Transzendentem interessiert ist. Die Hand, die Ihre Seele leitet, gibt auch Ihrem Körper Nahrung. Derjenige, der Sie in Gerechtigkeit kleidet, kleidet Sie auch mit Textilien. In der Schule des Lebens ist Gott sowohl Lehrer als auch Koch. Er sorgt für das Feuer im Herd und gibt Nahrung für Ihren Magen. Ihre ewige Errettung und Ihr Abendessen kommen aus derselben Hand. Im Haus Gottes gibt es eine Küche; steigen wir die Treppe hinunter und wärmen uns in ihr.

Der Tisch ist lang, mit vielen Stühlen um ihn herum, und reich gedeckt. An der Wand hängt ein einfaches Gebet: »*Unser tägliches Brot gib uns heute.*« Dieser Satz ist zwar kurz, aber er wirft einige gute Fragen auf, zum Beispiel: Wo ist das »bitte«? Wagen wir es, uns in der Gegenwart Gottes am Tisch zu lümmeln und zu sagen: »Gib uns«? Eine weitere Frage betrifft die Geringfügigkeit der Bitte. Nur Brot? Besteht nicht die Möglichkeit, um Spaghetti zu bitten? Und was ist mit morgen? Warum sollen wir für die Bedürfnisse von heute und nicht für die der Zukunft bitten?

Vermutlich beantwortet man diese Fragen am besten, indem man noch einmal einen Blick auf die Küchenwand wirft. Hinter dem Gebet »Unser tägliches Brot gib uns heute« sehe ich zwei Aussagen. Man kann sie die Küchenregeln nennen. Sie haben solche Regeln vielleicht schon mal gesehen: »Vor dem Essen Hände waschen.« »Bitte nach der Mahlzeit die Tische abdecken.«

»Max bekommt die doppelte Portion Nachtisch.« (Das muss ich geträumt haben ...)

Auch in Gottes Küche gelten einige Regeln. Die erste ist die Regel der Abhängigkeit:

Regel Nr. 1: Bitte, sei nicht schüchtern!

Der Satz »Unser tägliches Brot gib uns heute« klingt etwas schroff. »Gib uns«, das ist furchtbar knapp oder klingt uns zu fordernd. Wäre es nicht angemessener zu sagen: »Würdest du so freundlich sein« oder »Entschuldigung, dürfte ich dich bitten, mir ... zu geben«? Ist es nicht respektlos von mir, wenn ich einfach sage: »Unser tägliches Brot gib uns heute«? Eigentlich schon, jedenfalls, wenn Sie damit beginnen. Doch das tun Sie nicht. Wenn Sie Jesu Beispiel beim Beten gefolgt sind, haben Sie sich in erster Linie mit seiner Anbetung und nicht mit Ihrem Magen beschäftigt. Die ersten drei Bitten stellen Gott in den Mittelpunkt, nicht das Ich. »Geheiligt werde dein Name ... dein Reich komme ... dein Wille geschehe.«

Ihr erster Schritt in Gottes Haus führte sie nicht in die Küche, sondern in das Wohnzimmer, wo Sie an Ihre Adoption erinnert wurden. »Unser *Vater* im Himmel.« Danach befassten Sie sich mit dem Fundament des Hauses und dachten über Gottes Beständigkeit nach. »Unser Vater, *der du bist* im Himmel.« Anschließend betraten Sie die Sternwarte und staunten über seine Handwerkskunst: »Unser Vater *im Himmel.*« In der Kapelle beteten Sie seine Heiligkeit an: »Geheiligt werde dein Name.« Im Thronsaal berührten Sie das gesenkte Zepter und sprachen das größte Gebet: »Dein Reich komme.« Im Studierzimmer ordneten Sie Ihre Wünsche seinen Wünschen unter und beteten: »Dein Wille geschehe.« Und der ganze Himmel verstummte, als Sie Ihren Gebetsort in den Heizkessel verlegten und sprachen: »Wie im Himmel so auf Erden.«

Das Gebet, das Jesus uns lehrt, folgt diesem Weg; es offenbart uns Gott, bevor wir unsere Bedürfnisse vor Gott offen legen. (Lesen Sie dies ruhig noch einmal.) Das Ziel des Gebetes liegt nicht darin, Gott zu ändern, sondern uns zu ändern; und bis wir Gottes Küche erreichen, sind wir veränderte Menschen. Wurde unser Herz nicht warm, als wir ihn Vater nannten? Schwanden nicht unsere Ängste, als wird seine Beständigkeit betrachteten? Waren wir nicht verblüfft, als wir den Himmel betrachteten? Als wir seine Heiligkeit sahen, bekannten wir unsere Sünden. Als wir sein Reich herbeisehnten, wurden wir ermahnt, nicht unser eigenes Reich zu bauen. Als wir baten, dass Gottes Wille geschehe, stellten wir unseren Willen unter seinen Willen. Und es raubte uns in seiner Gegenwart den Atem, als wir erkannten, dass der Himmel innehält, wenn wir beten.

Bis wir in die Küche treten, sind wir erneuerte Menschen! Wir wurden von unserem Vater getröstet, mit seinem Wesen in Einklang gebracht, von unserem Schöpfer in sprachloses Erstaunen versetzt, von seinem Charakter überzeugt, von seiner Macht gefesselt, von unserem Lehrer beauftragt und von seiner Aufmerksamkeit unseren Gebeten gegenüber ergriffen.

Die folgenden drei Bitten umfassen sämtliche Angelegenheiten unseres Lebens.»Das tägliche Brot« betrifft die Gegenwart.»Vergib uns unsere Schuld« betrifft die Vergangenheit.»Führe uns nicht in Versuchung« bezieht sich auf die Zukunft. (Ein Wunder der Weisheit Gottes, wie er alle unsere Bedürfnisse in drei einfachen Aussagen zusammenfasst.)

Zunächst kommt er auf das Bedürfnis nach Brot zu sprechen. Dieser Begriff umfasst alle äußerlichen Bedürfnisse eines Menschen. Martin Luther definierte Brot als»alles, was zur Leibes Nahrung und Notdurft gehört, wie Essen, Trinken, Kleider, Schuh, Haus, Hof, Acker, Vieh, Geld, Gut, Gesundheit, Frau und Kinder«. Dieser Vers fordert uns auf, unsere Grundbedürfnisse vor Gott zu bringen. Gott gibt uns möglicherweise auch Luxus und Überfluss, aber auf jeden Fall schenkt er das Notwendige.

Alle Angst, dass Gott unsere Bedürfnisse nicht erfüllen könnte, haben wir in der Sternwarte zurückgelassen. Sollte er den Sternen Glanz und uns nicht unsere Nahrung geben? Natürlich nicht. Er hat sich verpflichtet, für uns zu sorgen. Wir müssen nicht einer widerwilligen Hand ein paar Krümel entreißen, sondern bekennen vielmehr, dass eine großzügige Hand uns unzählige Gaben schenkt. Der Kern des Gebetes ist eine Bestätigung der Liebe des Vaters. Unsere Versorgung hat für ihn Vorrang.

Lesen Sie Psalm 37:

»Vertraue auf den Herrn und tue Gutes, dann wirst du im Lande sicher leben, und es wird dir gut gehen. Freu dich am Herrn, und er wird dir geben, was dein Herz wünscht.« (V. 3-4)

Gott verpflichtet sich, für unsere Bedürfnisse zu sorgen. Paulus schreibt, dass ein Mann, der seine eigene Familie nicht ernährt, schlimmer ist als ein Ungläubiger (1. Timotheus 5,8). Wie viel mehr wird ein heiliger Gott für seine Kinder sorgen? Wie können wir letzten Endes seinen Auftrag erfüllen, wenn unsere Bedürfnisse nicht befriedigt sind? Wie können wir lehren oder trösten oder Einfluss nehmen, wenn unsere grundlegenden Bedürfnisse nicht erfüllt werden? Wird Gott uns in seinen Dienst stellen, ohne für Verpflegung zu sorgen? Natürlich nicht.

»Ich wünsche euch, dass der Gott des Friedens ... euch mit allem versorgt, was ihr braucht, um seinen Willen zu tun« (Hebräer 13,20). Wurde dieser Wunsch nicht in unserem Leben erfüllt? Es war vielleicht kein Festmahl, doch hatten wir nicht immer Nahrung? Vielleicht gab es kein Vier-Gänge-Menü, aber zumindest gab es Brot. Und oft war es doch ein Festessen.

In der Tat haben viele von uns in Westeuropa oder den Vereinigten Staaten Schwierigkeiten mit dem Satz »Unser tägliches Brot gib uns heute«, weil unsere Speisekammern zum Bersten gefüllt sind, weil wir so satt sind, dass wir selten um Nahrung bitten. Wir bitten um Selbstbeherrschung. Wir sagen nicht: »Gott, gib mir zu essen.« Wir sagen: »Gott, hilf mir, dass ich nicht so viel esse.« In unseren Geschäften finden Sie keine Bücher darüber, wie man Nahrungsmangel überlebt, sondern ganze Regale voller Diätratgeber. Dadurch wird dieser Satz jedoch nicht für unnötig erklärt. Für uns, die wir mehr als genug zu essen haben, hat dieser Satz eine doppelte Bedeutung.

Wir beten, nur um zu entdecken, dass unser Gebet bereits beantwortet ist! Wir sind wie der Gymnasiast, der studieren will und dann erfährt, dass es Studiengebühren gibt. Er läuft zu seinem Vater und sagt: »Es tut mir Leid, Papa, dass ich so viel verlange, aber ich kann mich sonst nirgendwo hinwenden. Ich will studieren und habe keinen Cent.« Der Vater legt den Arm um seine Schulter, lächelt und antwortet: »Mach dir keine Sorgen. Seit dem Tag deiner Geburt habe ich für deine Ausbildung gespart. Ich habe schon für dein Studium gesorgt.«

Der Junge spricht die Bitte aus und entdeckt gleichzeitig, dass der Vater sie schon erfüllt hat. Ganz ähnlich geht es Ihnen. An einem bestimmten Punkt in Ihrem Leben wird Ihnen bewusst, dass jemand für Ihre Bedürfnisse sorgt. Sie machen einen wichtigen Reifeschritt, wenn sie Davids Worten in 1. Chronik 29,14 zustimmen können: »Von dir ist alles gekommen, und von deiner Hand haben wir dir's gegeben« (Luther). Sie bezahlen an der Kasse oder kochen die Suppe, aber es gehört mehr dazu, um Essen auf den Tisch stellen zu können. Wie steht es mit Samenkorn und Erde, mit Sonne und Regen? Wer schuf die Tiere zur Nahrung? Lange bevor Sie wussten, dass Sie jemanden brauchen, der für Ihre Bedürfnisse sorgt, hat Gott es schon getan.

Die erste Küchenregel ist also die Regel der Abhängigkeit. Bitten Sie Gott um alles, was Sie brauchen. Er hat sich Ihnen gegenüber verpflichtet. Gott lebt mit der selbst gestellten Aufgabe, für die Seinen zu sorgen, und Sie müssen zugeben, dass er bisher seine Arbeit recht ordentlich gemacht hat.

Die zweite Regel ist die des Vertrauens.

Regel Nr. 2: Vertraue dem Koch

Meine informelle Umfrage zum Thema Essgewohnheiten erinnerte mich an die Zeit, als ich mich mit Kuchenteig voll stopfte. Als ich klein war, ließ meine Mutter mich die Schüssel auslecken, in der sie den Teig angerührt hatte. Ich hätte es wunderbar gefunden, wenn eine ganze Mahlzeit nur aus diesem klebrigen Zeug bestanden hätte.

Als Student wurde mein Traum Wirklichkeit. Gemeinsam mit drei Freunden wollte ich ein Wochenende auf einem abgelegenen Bauernhof verbringen. Unterwegs hielten wir an einem Lebensmittelgeschäft an. Wie Sie sich vorstellen können, achteten wir darauf, die geeigneten Lebensmittel auszuwählen: Gemüse, entrahmte Milch, fettarmen Joghurt – Süßigkeiten ließen wir beiseite. Wir fuhren auch am Weißen Haus vorbei und holten den Präsidenten und die First Lady ab, damit sie unsere Wäsche wuschen. Glauben Sie das im Ernst? Wir füllten unseren Korb mit nichts als Schnickschnack, den wir uns schon immer gewünscht hatten. Mein persönlicher Wunschtraum hieß Kuchenteig. An diesem Wochenende wollte ich nichts anderes als Kuchenteig essen! An jenem Abend schälte ich die Plastikhülle von der Fertigteig-Rolle, wie man eine Banane schält, und biss ein großes Stück ab ... dann ein zweites ... noch eins ... nooooch eins. Dann ... hick. Ich hatte genug.

So etwas passiert uns, wenn wir unsere eigene Speisekarte aufstellen. Fällt Ihnen auf, dass dies das erste Mal ist, dass wir das Wort *Speisekarte* benutzen? Die Küche im Haus Gottes ist kein Restaurant. Sie gehört keinem Fremden, sondern wird von Ihrem Vater geführt. Dies ist nicht ein Ort, den man besucht und dann wieder verlässt; es ist ein Ort, an dem man verweilt und plaudert. Sie ist nicht zu einer bestimmten Zeit geöffnet und dann wieder geschlossen; die Küche steht immer offen. Man isst nicht und bezahlt danach; man isst und sagt danke. Aber vielleicht ist der wichtigste Unterschied zwischen einer Küche und einem Restaurant die Speisekarte. In einer Küche fehlt sie.

Gottes Küche braucht keine. In Ihrem Haus ist es vielleicht anders, aber im Haus Gottes bereitet der die Mahlzeit zu, der für Nahrung sorgt. Wir stolzieren nicht in seine Gegenwart und verlangen Leckerbissen. Wir sitzen auch nicht draußen vor der Tür und hoffen auf Reste. Wir nehmen einfach unseren Platz am Tisch ein und vertrauen ihm fröhlich, dass er uns »heute unser tägliches Brot gibt«.

Welch eine Vertrauenserklärung! Was auch immer du mir gibst, es ist das, was ich will. In seinem Buch *Victorious Praying* übersetzt Alan Redpath diesen Satz so: »Gib uns am heutigen Tag das Brot, das unseren Bedürfnissen entspricht.«[3] An manchen Tagen läuft der Teller über. Gott bringt immer mehr Nahrung und wir schnallen unseren Gürtel weiter. Eine Beförderung, eine besondere Möglichkeit, eine Freundschaft, ein Geschenk, ein Leben lang Gnade, eine Ewigkeit lang Freude. Es gibt Zeiten, in denen wir uns sozusagen am Tisch zurücklehnen, erstaunt über Gottes Freundlichkeit. »Du deckst mir einen Tisch vor den Augen meiner Feinde, du nimmst mich als Gast auf und salbst mein Haupt mit Öl. Du überschüttest mich mit Segen« (Psalm 23,5).

Dann gibt es Tage, an denen wir unser ungeliebtes Gemüse essen müssen. Unser tägliches Brot können Tränen oder Schmerz oder Strafe sein. Zu unserer Portion gehören vielleicht sowohl Unglück als auch Herausforderungen.

An diesen Vers dachte ich gestern Abend während der Familienandacht. Ich rief meine Töchter zum Tisch und stellte vor jede einen Teller hin. In der Mitte des Tisches standen verschiedene Lebensmittel: Obst, rohes Gemüse und Süßigkeiten. »Alles, was wir an einem Tag erleben, ist wie ein Essen, das Gott uns auf den Teller tut«, erklärte ich. »Was schmeckt euch am besten?«

Die Antwort war einfach. Sara legte drei Bonbons auf ihren Teller. Es gibt solche Tage, nicht wahr? Es gibt Tage, die sind ein Zuckerschlecken. Aber es gibt nicht viele solcher Tage. Manchmal finden wir nur Gemüse auf unserem Teller – vierundzwanzig Stunden Sellerie, Karotten und Kürbis. Anscheinend weiß

Gott, dass wir Kraft brauchen, und obwohl die Portion schwer zu schlucken ist, ist dies wohl gut für uns. Die meisten Tage jedoch haben etwas von allem. Gemüse, das gesund ist, aber fade schmeckt, Obst, das uns besser zusagt, und sogar Süßigkeiten, die für unsere Ernährung wenig nützlich sind, aber unsere Stimmung heben. Alle sind wichtig und alle sind von Gott. »Wir wissen, dass für die, die Gott lieben und nach seinem Willen zu ihm gehören, alles zum Guten führt« (Römer 8,28). Wie Paulus müssen wir lernen, »mit jeder Situation fertig zu werden: Ich kann einen vollen oder leeren Magen haben, Überfluss erleben oder Mangel leiden. Denn alles ist mir möglich durch Christus, der mir die Kraft gibt, die ich brauche (Philipper 4,12-13). Vielleicht finden wir das Herzstück des Gebets im Buch der Sprüche.

»Lass mich weder arm noch reich werden, sondern gib mir gerade so viel, wie ich brauche. Denn wenn ich reich werde, könnte ich dich verleugnen und sagen: »Wer ist der Herr?« Und wenn ich zu arm bin, könnte ich stehlen und so den heiligen Namen Gottes in den Schmutz ziehen« (Sprüche 30,8-9).

Wenn das nächste Mal auf Ihrem Teller eher Brokkoli als Apfelkuchen liegt, dann denken Sie daran, wer die Mahlzeit zubereitet hat. Und wenn Sie das nächste Mal den Eindruck haben, dass Sie Ihre Portion kaum schlucken können, dann sprechen Sie mit Gott darüber. So hat es Jesus gemacht. Im Garten Gethsemane hat sein Vater ihm einen Kelch voll Leiden gereicht, der so bitter, so widerlich war, dass Jesus ihn zurückgegeben hat. »Mein Vater«, betete er. »Wenn es möglich ist, lass den Kelch des Leides an mir vorübergehen. Doch ich will deinen Willen tun, nicht meinen« (Matthäus 26,39).

Auch Jesus bekam einen Brocken, den er kaum schlucken konnte. Doch mit Gottes Hilfe schaffte er es. Und mit Gottes Hilfe schaffen Sie es auch.

Kapitel 10

Das Dach

Unter Gottes Gnade

Vergib uns unsere Schuld ...

Verzeihen Sie mir, dass ich das Thema aufs Tapet bringe, aber ich kann nicht anders. Das Thema ist persönlich, aber es wird Zeit, dass wir es ansprechen. Ich muss mit Ihnen über Ihre Kontoüberziehungen reden. Ihre Gehaltszahlung traf verspätet ein. Ihr Vermieter hat den Scheck für die Miete zu früh eingelöst. Sie wollten Geld bar einzahlen, aber Ihre Tante aus Hamburg war am Telefon, und bis Sie zur Bank kamen, war sie geschlossen, und Sie wussten nicht, wie man außerhalb der Öffnungszeiten Geld einzahlt.

Worin der Grund auch immer liegen mag, das Ergebnis ist dasselbe: *Ungenügende Deckung.* Was für unheilvolle Worte. In der großen Galerie berüchtigter Worte hängt »ungenügende Deckung« in derselben Abteilung wie »Steuerprüfung wird angekündigt«, »Eine Wurzelbehandlung ist erforderlich« und »Machen wir Schluss, bleiben aber Freunde«. *Ungenügende Deckung.* (Um die volle Wirkung dieser Worte zu verstehen, stellen Sie sich vor, wie ein Mann mit Fangzähnen, einem schwarzen Umhang und einer tiefen Stimme in einem dunklen Schloss verkündet: »Sie haben ungenügende Deckung.«)

Ihr Konto ist überzogen. Sie haben mehr ausgegeben, als Sie ausgeben konnten. Und wer muss jetzt wohl etwas Kleingeld hinlegen? Nicht die Bank; sie hat den Scheck nicht ausgestellt. Nicht das Geschäft; die Verkäufer haben den Einkauf nicht getätigt. Nicht Ihre Tante aus Hamburg, außer sie hat eine außerordentlich große Zuneigung zu Ihnen. Angesichts der Umstände können Sie alle nur erdenklichen Entschuldigungen vorbringen, aber ein geplatzter Scheck landet im Schoß dessen, der ihn ausgestellt hat. Was tun Sie, wenn Sie kein Geld haben? Was tun Sie, wenn Sie nichts einzahlen können, wenn alles, was Sie zu bieten haben, eine ehrliche Entschuldigung und gute Absichten sind? Sie beten, dass irgendeine wohlhabende Seele eine riesige Einzahlung auf Ihr Konto leistet. Wenn Sie über Ihre finanzielle Schuld sprechen, ist es eher unwahrscheinlich, dass so etwas geschieht. Wenn Sie jedoch über Ihre geistliche Schuld sprechen, dann wurde es bereits getan.

Ihr Vater hat Ihr Defizit gedeckt. In Gottes Haus sind Sie vom Dach seiner Gnade gedeckt.

Das schützende Dach

Das Dach eines Hauses erregt selten Aufmerksamkeit. Wie oft sagen Ihre Gäste bei der Begrüßung: »Sie haben eines der schönsten Dächer, die ich je gesehen habe«? Im Lauf der Jahre gingen Hunderte von Menschen bei uns ein und aus, und ich kann mich ehrlich nicht daran erinnern, dass einer von ihnen eine Bemerkung über das Dach gemacht hätte. Sie erwähnten womöglich, dass ich den Rasen mähen oder den Gehsteig fegen sollte, aber ein Kompliment für mein Dach habe ich bisher noch nicht bekommen.

Diese Missachtung ist nicht die Schuld des Dachdeckers. Er und sein Team haben stundenlang gut gearbeitet, Balken ins Gleichgewicht gebracht und Dachschindeln festgenagelt. Doch trotz ihrer Mühen schenken die meisten Menschen einer billigen Lampe mehr Beachtung als dem Dach.

Machen wir nicht denselben Fehler. Als Gott sein Haus deckte, hat er keine Ausgaben gescheut. In der Tat war sein Dach der kostspieligste Teil des Bauwerks. Es kostete ihn das Leben seines Sohnes. Er lädt uns ein, sein Werk mit Hilfe der vier Worte in der Mitte des Gebets zu betrachten:»Vergib uns unsere Schuld.«

Wir haben eine Schuld, die wir nicht bezahlen können

Schuld. Das griechische Wort für Schuld hat nichts Geheimnisvolles an sich. Es bedeutet einfach,»jemandem etwas zu zahlen haben«. Wenn Schulden haben bedeutet, jemandem etwas zahlen müssen, dann ist es angebracht, dass wir in unseren Gebeten von Schuld sprechen, denn wir sind ja alle Gott gegenüber verschuldet.

Stehen wir nicht in Gottes Schuld, wenn wir seine Gebote übertreten? Er sagt uns, wir sollen nach Süden gehen, und wir gehen nach Norden. Er sagt uns, wir sollen nach rechts gehen, und wir gehen nach links. Anstatt unseren Nächsten zu lieben, verletzen wir ihn. Anstatt nach Gottes Willen zu trachten, streben wir nach unserem eigenen Willen. Wir sollen unseren Feinden vergeben, doch wir greifen unsere Feinde an. Wir sind Gott ungehorsam.

Stehen wir nicht in Gottes Schuld, wenn wir ihm keine Beachtung schenken? Er erschafft das Universum, und wir applaudieren der Wissenschaft. Er heilt die Kranken, und wir überschütten die Medizin mit Beifall. Er verleiht Schönheit, und wir zollen»Mutter Natur« Anerkennung. Er schenkt uns Besitz, und wir erweisen der menschlichen Erfindungsgabe die Ehre.

Geraten wir nicht in Schuld, wenn wir Gottes Kinder geringschätzig behandeln? Was geschähe, wenn ich Ihnen das antäte, was wir Gott antun? Was geschähe, wenn ich in Ihrer Gegenwart Ihr Kind anschreien würde? Oder wenn ich es mit Schimpfworten belegen oder schlagen würde? Sie würden das nicht hinnehmen. Aber tun wir nicht dasselbe? Was fühlt Gott, wenn wir eines seiner Kinder misshandeln oder verfluchen? Wenn wir einen Mitarbeiter kritisieren oder über einen Verwandten herziehen oder *über* jemanden sprechen, bevor wir *mit* ihm sprechen? Stehen wir nicht in Gottes Schuld, wenn wir einen Nächsten misshandeln?

»Moment mal, Max. Du meinst, jedes Mal, wenn ich eines dieser Dinge tue, stelle ich einen Scheck auf mein himmlisches Bankkonto aus?«

Genau das meine ich. Und ich behaupte auch, dass jeder von uns dieses Konto überzieht, wenn Christus es nicht mit seiner Gnade deckt. Wenn es um Rechtschaffenheit geht, haben wir ungenügende Deckung. Unzulängliche Heiligkeit. Gott fordert einen bestimmten Kontostand an Sittlichkeit, und zwar einen höheren, als wir aufweisen können. Unser »Heiligkeitskonto« weist ungenügende Deckung auf, aber nur der Heilige kann vor den Herrn treten. Was können wir tun?

Wir könnten versuchen, ein paar Einzahlungen zu leisten. Vielleicht kann ich etwas wettmachen, wenn ich meinem Nachbarn zuwinke oder meinem Mann ein Kompliment mache oder am nächsten Sonntag in die Kirche gehe. Aber wie weiß ich, ob ich genug getan habe? Wie oft muss ich zur Bank fahren? Wie viele verdienstvolle Leistungen brauche ich? Wann kann ich ausspannen?

Das ist das Problem. Man kann nie wissen. »Gerecht gesprochen aber wird ein Mensch aufgrund seines Glaubens, nicht aufgrund seiner Taten« (Römer 4,5). Wer versucht, seinen Kontostand schönzureden, wird keinen Frieden finden. Er wird sich den Rest seiner Tage abhetzen, um noch vor Schalterschluss zur Bank zu kommen. Sie versuchen, einen Kontostand zu rechtfertigen, den man nicht rechtfertigen kann. Darf ich Sie an das Dach der Gnade erinnern, das Sie deckt? »Gott selbst ist ja der, der sie gerecht spricht« (Römer 8,33).

Gott hat eine Schuld gezahlt,
die er nicht schuldete

Gott selbst machte es sich zur Aufgabe, Ihr Konto auszugleichen. Sie können mit Ihrer Sünde nicht fertig werden. »Nur Gott allein kann Sünden vergeben« (Markus 2,7). Jesus ist »das Lamm Gottes, das die Sünde der Welt wegnimmt« (Johannes 1,29). Sie sind es nicht! Was hat Gott mit Ihrer Schuld getan? Hat er über sie hinweggesehen? Das hätte er tun können. Er hätte den Kontoauszug verbrennen können. Er hätte von Ihren geplatzten Schecks keine Notiz nehmen können. Doch würde ein heiliger Gott das tun? *Könnte* ein heiliger Gott das tun? Nein. Sonst wäre er nicht heilig. Und würden wir überhaupt wollen, dass Gott seine Welt in dieser Weise regiert – dass er unsere Sünde übergeht und dadurch unsere Auflehnung billigt? Hat er Sie für Ihre Sünden bestraft? Er hätte es tun können. Er hätte Ihren Namen aus dem Buch streichen und Sie vom Erdboden tilgen können. Doch würde ein liebender Gott das tun? *Könnte* ein liebender Gott das tun? Er liebt Sie mit ewiger Liebe. Nichts kann Sie von seiner Liebe trennen.

Was hat er also getan? »Denn Gott war in Christus und versöhnte so die Welt mit sich selbst und rechnete den Menschen ihre Sünden nicht mehr an. Das ist die herrliche Botschaft der Versöhnung, die er uns anvertraut hat, damit wir sie anderen verkünden ... Denn Gott machte Christus, der nie gesündigt hat, zum Opfer für unsere Sünden, damit wir durch ihn vor Gott gerechtfertigt werden können (2. Korinther 5,19-21).

Machen Sie sich klar, was er getan hat. Er nahm Ihren Kontoauszug voller roter Zahlen und ungedeckter Schecks und schrieb seinen Namen darauf. Er nahm seinen Kontoauszug, der eine Million Einzahlungen, aber keine einzige Abhebung aufwies, und schrieb Ihren Namen darauf. Er übernahm Ihre Schuld. Sie übernahmen sein Vermögen. Und das ist nicht alles.

Er zahlte auch Ihre Strafe. Wenn Sie bei einer Bank im Minus stehen, müssen Sie eine Strafe zahlen. Wenn Sie bei Gott im

Minus stehen, muss auch eine Strafe bezahlt werden. Die Strafe bei der Bank ist ärgerlich. Aber die Strafe Gottes ist die Hölle. Jesus hat nicht nur Ihr Konto ausgeglichen, er hat auch Ihre Strafe bezahlt. Er nahm Ihren Platz ein und bezahlte die Strafe für Ihre Sünden. »Christus aber hat uns erlöst von dem Fluch des Gesetzes, da er zum Fluch wurde für uns« (Galater 3,13; Luther).

»Auch Christus hat gelitten, als er ein für alle Mal für unsere Sünden starb. Er hat nie gesündigt, aber er starb für die Sünder, um uns zu Gott zurückzubringen« (1. Petrus 3,18).

»Aber er ist um unsrer Missetat willen verwundet und um unsrer Sünde willen zerschlagen. Die Strafe liegt auf ihm, auf dass wir Frieden hätten, und durch seine Wunden sind wir geheilt« (Jesaja 53,5; Luther).

»Denn durch dieses eine Opfer hat er alle, die er heiligt, für immer vollkommen gemacht« (Hebräer 10,14). Kein Opfer muss mehr gebracht werden. Keine weiteren Einzahlungen sind erforderlich. Die Zahlung war so vollständig, dass Jesus einen Bankausdruck gebrauchte, um unsere Errettung auszurufen. »Es ist vollbracht!« (Johannes 19,30). *Tetelestai* war ein Ausdruck aus dem Finanzgeschäft, der für die letzte Rate, die endgültige Zahlung gebraucht wurde.

Wenn also die Aufgabe zu Ende geführt ist, wird dann noch etwas von Ihnen gefordert? Natürlich nicht. Was könnten Sie noch hinzufügen, wenn das Konto ausgeglichen ist? Auch wenn Sie die Worte aussprechen: »Vergib uns unsere Schuld«, so verdienen Sie sich damit nicht die Gnade. Wir wiederholen die Worte, um uns an die Vergebung zu erinnern, die uns schon gewährt wurde, nicht um die Vergebung zu erhalten, die wir brauchen. Im nächsten Kapitel werde ich mehr darüber sagen, aber können wir offen miteinander sprechen, bevor wir weitergehen?

Für einige unter Ihnen sind diese Gedanken über geplatzte Schecks und Gottes Gnade nichts Neues, aber sind sie Ihnen kostbar? Haben Sie je ein Geschenk erhalten, das mit Gottes

Gnade zu vergleichen ist? Sogar der ärmste Bettler wird zum Prinzen, wenn er den Schatz der Barmherzigkeit findet. Der reichste Mann wird bettelarm, wenn er sich dieses Geschenk entgehen lässt. Viele von Ihnen wussten das schon. Doch für andere ist dies mehr als eine gute Nachricht ... es ist eine *neue* Nachricht. Sie wussten nie, dass es ein Dach der Gnade gibt. Und was für ein großartiges Dach das ist! Die Ziegel sind dick und die Balken sind stark. Unter diesem Dach sind Sie vor den Stürmen von Schuld und Schande geschützt. Unter der Deckung Christi kann Sie kein Ankläger antasten und kein Gesetz kann Sie verurteilen.

Ist es nicht gut zu wissen, dass Sie nicht länger draußen im Sturm stehen müssen?

»Aber ist es groß genug für mich?«, fragen Sie. Nun, es war groß genug für den, der Christus verleugnete (Petrus). Für einen, der sich über Christus lustig machte (den Verbrecher am Kreuz). Für den, der Christus verfolgte (Paulus). Ja, es ist groß genug für Sie. Obwohl Sie Ihr Leben lang ungedeckte Schecks ausgestellt haben, hat Gott diese Worte auf Ihren Kontoauszug gestempelt: *Meine Gnade genügt für dich.*

Stellen Sie sich, wenn Sie wollen, einen Blankoscheck vor. Der Betrag auf dem Scheck lautet »genügend Gnade«. Der Unterzeichner des Schecks ist Jesus. Die einzige leere Zeile ist für den Zahlungsempfänger bestimmt. Das sind Sie. Darf ich Sie bitten, ein paar Augenblicke mit Ihrem Erlöser zu verbringen, wenn Sie diesen Scheck in Empfang nehmen? Denken Sie über das Werk seiner Gnade nach. Schauen Sie das Dach an. Seine Balken stammen von Golgatha und die Nägel hielten einst einen Retter am Kreuz. Sein Opfer war für Sie.

Danken Sie ihm für seine Gnade. Sei es zum ersten oder zum tausendsten Mal, flüstern Sie ihm zu: »Vergib uns unsere Schuld.« Und lassen Sie ihn Ihr Gebet erhören, wenn Sie sich vorstellen, wie Sie Ihren Namen auf den Scheck schreiben.

Vielleicht soll ich Sie beide jetzt kurz alleine lassen, damit Sie miteinander sprechen können. Ich warte auf Sie in der Diele des Hauses Gottes.

Kapitel 11

Die Diele

*Wer Gnade erhalten hat, kann Gnade
weitergeben*

**Vergib uns unsere Schuld, wie auch wir denen verge-
ben haben, die an uns schuldig geworden sind ...
Wenn ihr denen vergebt, die euch Böses angetan haben, wird euer himmlischer Vater euch auch vergeben.
Wenn ihr euch aber weigert, anderen zu vergeben,
wird euer Vater euch auch nicht vergeben ...**

Ich möchte mit Ihnen über Kopfgeldjäger, Nitroglyzerin, einen
der wichtigsten Grundsätze der Bibel, Karotten und Sardellen-
brötchen sprechen. Doch beginnen wir zunächst mit ein paar
Gedanken über Killer.

Im Fadenkreuz eines Killers zu leben ist kein Vergnügen. Ich
weiß es, denn drei Monate lang war einer hinter mir her. Er gehörte nicht zur Mafia und war kein Mitglied einer Bande. Er trug
keine Pistole mit Radar-Sichtgerät; seine Waffen waren noch
tödlicher. Er hatte eine Telefonnummer und einen Auftrag –
mich ausfindig zu machen und zum Zahlen zu zwingen.

Sein Broterwerb bestand darin, für eine Kreditkartengesell-
schaft überfällige Zahlungen einzutreiben. Ich hoffe, Sie glauben mir, wenn ich sage, dass ich meine Rechnung bezahlt hatte.
Er allerdings glaubte es mir nicht. Ich wusste, dass ich die Rechnung bezahlt hatte – ich hatte den Beleg. Das einzige Problem
war, dass sich der Beleg zusammen mit all unseren anderen
Habseligkeiten auf einem Schiff irgendwo zwischen Miami und

Rio befand. Wir waren eben nach Brasilien umgezogen und unser ganzes Hab und Gut befand sich auf der Überfahrt. Drei Monate lang würde ich keinen Zugang zu meinen Kontoauszügen haben. So lange wollte er nicht warten. Er drohte, meinen guten Ruf zu ruinieren, das Reisebüro zu verklagen und die Polizei zu rufen; er sagte sogar, er würde es meiner Mutter sagen (dieser Schwätzer). Nachdem er mich wochenlang per R-Gespräch angerufen hatte, hörte er plötzlich auf, mich unter Druck zu setzen. Ohne Erklärung. Ich kann mir nur denken, dass er den Fehler im System gefunden hatte und mich deshalb in Ruhe ließ. Er erstaunte mich auch. Ich erinnere mich, dass ich Denalyn fragte: »Welchem Menschen gefällt wohl solch ein Job? Seine Arbeit besteht darin, andere zu belästigen. Ein guter Tag für ihn ist ein schlechter Tag für alle, mit denen er zusammenkommt.«

Verstehen Sie mich richtig, ich sehe ein, warum eine solche Tätigkeit erforderlich ist. Ich frage mich nur, was für ein Mensch eine solche Arbeitsstelle will. Wer möchte ein Bote des Elends sein? Geldeintreiber verbringen ihren Tag damit, dafür zu sorgen, dass anderen Menschen nicht wohl zumute ist. Niemand will ihre Anrufe entgegennehmen. Niemand freut sich, wenn sie vor der Tür stehen. Niemand will ihre Briefe lesen. Können Sie sich vorstellen, was ihnen ihre Frau sagt, bevor sie zur Arbeit gehen? »Mach sie fertig, Schatz.« Spornen ihre Chefs sie mit einer »Blutsauger-Prämie« an? Wer ist ihr Held? Godzilla? Was für ein Beruf! Sie leben auf unsere Kosten und sind auf unser Geld aus. Können Sie sich vorstellen, Ihre Tage so zu verbringen?

Vielleicht können Sie es. Vielleicht können wir alle es. Auch die Besten unter uns verlangen Bezahlung. Schuldet Ihnen jemand etwas? Eine Entschuldigung? Eine zweite Chance? Einen Neubeginn? Eine Erklärung? Ein Danke? Eine Kindheit? Eine Ehe? Denken Sie einmal darüber nach (aber nicht allzu lange), und dann erstellen Sie eine Liste der Menschen, die in Ihrer Schuld stehen. Ihre Eltern hätten Sie besser umsorgen sollen, Ihre Kinder hätten dankbarer sein sollen. Ihr Ehepartner sollte feinfühliger sein. Ihr Pastor könnte Ihnen mehr Aufmerksamkeit widmen.

Was werden Sie mit den Menschen tun, die in Ihrer Schuld stehen? Menschen haben in der Vergangenheit in Ihre Geldbörse gegriffen und genommen, was Ihnen gehörte. Was werden Sie tun? Es gibt wenige Fragen, die wichtiger sind. Der Umgang mit Schuld ist die Kernfrage Ihrer Lebensfreude. Schuld steht auch im Mittelpunkt des Gebets des Herrn.

Nachdem er uns an die Gnade erinnert hat, die wir empfangen haben, spricht Jesus jetzt von der Gnade, die wir anderen weitergeben sollen.

»Vergib uns unsere Schuld, wie auch wir denen vergeben haben, die an uns schuldig geworden sind ... Wenn ihr denen vergebt, die euch Böses angetan haben, wird euer himmlischer Vater euch auch vergeben. Wenn ihr euch aber weigert, anderen zu vergeben, wird euer Vater euch auch nicht vergeben« (Matthäus 6,12; 14-15).

In der Mitte des Hauses Gottes verläuft eine lange Diele. Ohne diese Diele kann man nicht von einem Raum in den anderen kommen. Wollen Sie von der Küche ins Studierzimmer gehen? Gehen Sie durch die Diele. Wollen Sie über die Treppe zur Kapelle hochsteigen? Gehen Sie durch die Diele. Sie können nirgendwo hingehen, ohne durch die Diele zu gehen. Und Sie können nicht durch die Diele gehen, ohne auf Menschen zu stoßen.

Jesus stellt nicht in Frage, dass Sie sich zu Recht verletzt fühlen. Er zweifelt nicht daran, dass andere sich an Ihnen versündigt haben. Die Frage ist nicht das Vorhandensein des Schmerzes, sondern die Behandlung des Schmerzes. Was werden Sie mit Ihren Schulden tun?

Dale Carnegie erzählte von einem Besuch im Yellowstone Park, bei dem er einen Grizzlybär sah. Das riesige Tier stand in der Mitte einer Lichtung und tat sich am Essen gütlich, das von den Campern zurückgelassen worden war. Einige Minuten lang schmauste er alleine; kein anderes Lebewesen wagte es, sich ihm zu nähern. Nach einiger Zeit marschierte ein Stinktier über die Wiese auf das Essen zu und nahm neben dem Grizzly Platz. Der Bär verscheuchte ihn nicht und Carnegie wusste, warum. »Der Grizzly kannte den hohen Preis des Abrechnens.«[1] Wir wären gut beraten, wenn wir uns darüber auch Gedanken machen würden. Es ist kostspielig, alte Rechnungen zu begleichen.

Der hohe Preis des Abrechnens

Zunächst einmal bezahlen Sie einen Preis in Ihren mitmenschlichen Beziehungen.

Ist Ihnen schon einmal aufgefallen, dass der Kopfgeldjäger in Wildwestfilmen immer alleine unterwegs ist? Der Grund ist einfach. Wer möchte schon mit jemandem zusammen sein, der seinen Lebensunterhalt mit dem Begleichen alter Rechnungen verdient? Wer möchte schon riskieren, sich mit ihm anzulegen? Schon öfter war ich dabei, als jemand seine Wut so richtig herausließ. Er meinte, ich würde ihm zuhören, während ich in Wirklichkeit dachte: *Hoffentlich stehe ich nie auf seiner Liste.* Diese Kopfgeldjäger sind schon fürchterliche Typen. Am besten hat man möglichst wenig mit ihnen zu tun. Wenn man mit Menschen, die schnell in Rage geraten, Umgang pflegt, besteht immer die Gefahr, dass man von einer verirrten Kugel getroffen wird. Schulden begleichen ist ein einsames Geschäft. Und es ist auch ein ungesundes Geschäft.

Sie zahlen auch körperlich einen hohen Preis.

Die Bibel drückt das so aus: »Denn einen Toren tötet der Unmut, und den Unverständigen bringt der Eifer um« (Hiob 5,2; Luther). Es erinnert mich an eine alte Szene aus der Amos-und Andy-Show. Amos fragt Andy, was diese kleine Flasche ist, die er um den Hals trägt. »Nitroglyzerin«, antwortet er. Amos ist verblüfft, dass Andy eine Halskette mit Nitroglyzerin trägt, und bittet um eine Erklärung. Andy erzählt ihm von einem Bekannten, der die schlechte Angewohnheit hat, andere Leute mit dem Finger an die Brust zu tippen, wenn er redet. »Es macht mich verrückt«, erklärt Andy. »Ich trage dieses Fläschchen bei mir, damit ich das nächste Mal, wenn er mich antippt, seinen Finger in die Luft jagen kann.«

Andy ist nicht der Erste, der vergessen hat, dass man selbst verletzt wird, wenn man versucht, mit jemandem abzurechnen. Hiob hatte Recht, als er sagte: »Willst du vor Zorn bersten?« (Hiob 18,4; Luther). Ist Ihnen schon einmal aufgefallen, dass wir von Menschen, die uns aufregen, sagen, sie nerven? Wessen Nerven leiden denn da? Sicherlich nicht die Nerven der anderen. Wir sind es, die leiden.

Vor einiger Zeit sprach ich in einer Männerversammlung über Ärger. Ich beschrieb Groll als Gefängnis. Wenn wir jemanden in die Gefängniszelle unseres Hasses sperren, erläuterte ich, müssen wir immer vor der Tür sitzen, um sie zu bewachen. Nach der Veranstaltung kam ein Mann zu mir und stellte sich als ehemaliger Gefängnisinsasse vor. Er bestätigte mir, dass der Wärter an der Gefängnispforte noch weniger Bewegungsfreiheit hat als der Gefangene. Der Wärter verbringt seinen Tag in einem nicht einmal zwei Quadratmeter großen Häuschen. Der Gefangene hat eine Zelle mit über zehn Quadratmetern. Der Wärter kann seinen Platz nicht verlassen, der Gefangene kann herumlaufen. Der Gefangene kann entspannen, doch der Wärter muss ständig wachsam sein. Sie können jetzt einwenden: »Ja, aber der Gefängniswärter geht abends nach Hause.« Stimmt, doch der »Groll-Wärter« kann das nicht.

Wenn Sie darauf aus sind, alte Rechnungen zu begleichen, dann kommen Sie nie zur Ruhe. Wie können Sie auch? Ihr Feind bezahlt vermutlich seine Schuld nie ganz. Das heißt, Sie denken, dass Sie ein Recht auf eine Entschuldigung haben, aber Ihr Schuldner ist anderer Meinung. Der Rassist empfindet vielleicht nie Reue. Der Chauvinist ändert sich womöglich nicht. So berechtigt Ihr Wunsch nach Rache sein mag, er wird möglicherweise nie erfüllt. Und wenn Sie doch Recht bekommen – wird es Ihnen genügen?

Bleiben wir noch etwas bei diesem Gedanken. Wie viel Gerechtigkeit ist genug? Stellen Sie sich Ihren Feind einen Augenblick lang bildlich vor. Stellen Sie sich vor, wie er an den Marterpfahl gebunden wird. Der Mann mit den kräftigen Armen und der Peitsche in der Hand wendet sich Ihnen zu und fragt:»Wie viele Hiebe?« Und Sie nennen eine Zahl. Die Peitsche knallt, Blut fließt und die Strafe ist verbüßt. Ihr Feind sackt auf dem Boden zusammen und Sie gehen nach Hause. Sind Sie jetzt glücklich? Ist Ihnen wohler zumute? Haben Sie Frieden im Herzen? Eine Zeit lang vielleicht, aber bald kommt eine andere Erinnerung hoch, und ein weiterer Hieb wird nötig und ... wann wird all das aufhören?

Es hört auf, wenn Sie die Worte Jesu ernst nehmen. Lesen Sie sie noch einmal:»Vergib uns unsere Schuld, wie auch wir denen vergeben haben, die an uns schuldig geworden sind ... Wenn ihr denen vergebt, die euch Böses angetan haben, wird euer himmlischer Vater euch auch vergeben. Wenn ihr euch aber weigert, anderen zu vergeben, wird euer Vater euch auch nicht vergeben.«

In diesen Versen erfahren wir, welcher Preis des Abrechnens der höchste ist. Ich sagte schon, dass Sie in Ihren mitmenschlichen Beziehungen und auch körperlich einen hohen Preis bezahlen, doch Jesus hat einen noch viel wichtigeren Grund für Vergebung genannt: Wenn Sie anderen nicht vergeben, bezahlen Sie in Ihrem geistlichen Leben einen hohen Preis.

Bevor wir besprechen, was diese Verse bedeuten, wäre es angebracht, zu erklären, was sie nicht bedeuten. Dieser Absatz bedeutet nicht, dass wir Gottes Gnade verdienen, wenn wir selbst Gnade walten lassen. Auf den ersten Blick scheint dieser Text eine Art dreiseitigen Friedensvertrag zu unterbreiten.»Wenn ich meinem Feind vergebe, vergibt Gott mir.« Nach flüchtigem Lesen könnte man daraus schließen, dass wir unsere Vergebung verdienen, wenn wir anderen vergeben. Barmherzigkeit ist ein Verdienst, das mich rettet. Eine solche Interpretation ist unmöglich, einfach weil sie dem Rest der Heiligen Schrift widerspricht. Wenn wir dadurch Vergebung erhalten, dass wir anderen vergeben (oder durch andere gute Werke), warum brauchen wir dann einen Erlöser? Warum starb Jesus für unsere Sünden, wenn wir unsere Sünden mit Barmherzigkeit abbezahlen können? Wenn unsere Rettung das Ergebnis unserer Leistung ist, warum hat dann Paulus betont: »Weil Gott gnädig ist, hat er euch durch den Glauben gerettet. Und das ist nicht euer eigener Verdienst; es ist ein Geschenk Gottes« (Epheser 2,8).

Unsere Rettung ist ein Geschenk.

Jetzt taucht die Frage aus dem letzten Kapitel wieder auf. Warum lehrt Jesus uns das Gebet: »Vergib uns unsere Schuld«, wenn uns bereits vergeben wurde?

Aus demselben Grund, aus dem Sie wollen, dass Ihre Kinder das auch tun. Wenn meine Kinder gegen einen meiner Maßstäbe verstoßen oder eine Regel nicht einhalten, enterbe ich sie nicht. Ich werfe sie nicht aus dem Haus oder rate ihnen, ihren Familiennamen zu ändern. Aber ich erwarte, dass sie ehrlich sind und sich entschuldigen. Und bis sie das tun, leidet die Qualität unserer Beziehung. Die Art der Beziehung wird nicht verändert, aber ihre Vertrautheit.

Ähnlich ist es mit unserer Beziehung zu Gott. Die Beichte stellt nicht die Beziehung zu Gott her, sie pflegt sie nur. Wenn Sie Christ sind, ändert das Bekenntnis Ihrer Sünde nicht Ihre Stellung vor Gott, aber es vergrößert Ihren Frieden mit Gott. Wenn Sie Ihre Sünden bekennen, hören Sie auf, mit Gott zu verhandeln, und stimmen mit ihm überein, was Ihre Sünden betrifft. Nicht bekannte Sünde führt zu einem Konfliktzustand. Sie mögen Gottes Kind sein, aber Sie wollen nicht mit ihm sprechen. Er liebt Sie noch, aber bis Sie zugeben, was Sie getan haben, herrscht eine angespannte Atmosphäre im Haus.

Wie nicht bekannte Sünde Freude verhindert, hat bekannte Sünde Freude zur Folge. Wenn wir Sünde zugeben, sind wir wie der Erstklässler, der mit einem vollgekrakelten Blatt vor der Lehrerin steht. »Beim Ausmalen bin ich immer über die Linien gekommen. Kann ich noch mal ein sauberes Blatt haben?« »Natürlich«, antwortet die Lehrerin. Glücklich ist der Erstklässler, der eine zweite Chance bekommt, oder wie David schrieb:

»Glücklich ist der, dessen Sünde vergeben ist und dessen Schuld zugedeckt ist« (Psalm 32,1). Wir eilen zu unserem Platz zurück und beginnen von vorne.

Wäre es möglich, dass die Lehrerin Sie an Ihrem misslungenen Versuch auf dem alten Blatt Papier weiterarbeiten lässt? Es könnte sein. Ich kann mir eine Situation denken, in der die Lehrerin sich weigert, Ihnen eine zweite Chance zu geben. Nehmen wir an, sie hat mitbekommen, wie Sie mit dem Kind, das neben Ihnen sitzt, umgegangen sind. Vor einigen Minuten hat sie beobachtet, wie das Kind Sie um ein Blatt Papier von Ihrem Block gebeten hat, und Sie haben es abgelehnt. Obwohl Sie viel zu geben hatten, haben Sie Ihren Block mit beiden Händen umklammert und sich geweigert zu teilen. Und jetzt stellen Sie an die Lehrerin diese Bitte?!

Wer würde ihr einen Vorwurf machen, wenn ihre Reaktion wäre: »Ich sage dir eines. Ich werde jetzt genauso nett zu dir sein, wie du zu deinem Klassenkameraden warst. Ich behandle dich so, wie du Peter behandelt hast. Du bist noch mein Schüler und ich bin noch deine Lehrerin. Ich werfe dich nicht aus der Klasse, aber ich gebe dir die Möglichkeit, etwas zu lernen.« Jetzt kommen wir zum Kernpunkt des Verses, denn genau darum geht es in diesem Vers: »Vergib uns unsere Schuld, wie auch wir denen vergeben haben, die an uns schuldig geworden sind.«

Einer der wichtigsten Grundsätze der Bibel

»Behandle mich so, wie ich meinen Nächsten behandle.« Sind Sie sich bewusst, dass Sie genau das zu Ihrem Vater sagen? Gib mir, was ich ihnen gebe. Gib mir den Frieden, den ich anderen gebe. Sei so nachsichtig mit mir, wie ich mit anderen bin. Gott wird Sie so behandeln, wie Sie andere behandeln.

In jeder christlichen Gemeinschaft gibt es zwei Gruppen: die, die in ihrer Freude ansteckend sind, und die, die in ihrem Glauben schlecht gelaunt sind. Sie haben Christus angenommen und möchten seinen Willen tun, aber ihr Ballon hat kein Helium. Der eine ist dankbar, der andere verdrießlich. Beide sind gerettet. Beide sind auf dem Weg zum Himmel. Aber einer sieht den Regenbogen und der andere sieht den Regen.

Könnte dieser Grundsatz eine Erklärung für den Unterschied sein? Könnte es sein, dass Menschen genau die Freude genießen, die sie denen gegeben haben, die an ihnen schuldig geworden sind? Einer sagt:»Ich vergebe dir«, und fühlt, dass ihm vergeben wurde. Der andere sagt:»Ich bin sauer«, und bleibt weiter sauer auf die ganze Welt.

An anderer Stelle sagt Jesus:

»Hört auf, andere zu verurteilen, und ihr werdet auch nicht verurteilt werden. Hört auf, andere zu tadeln, oder es wird euch ebenso ergehen. *Wenn ihr anderen vergebt, wird euch auch vergeben werden. Wenn ihr gebt, werdet ihr erhalten.* Was ihr verschenkt, wird zusammengepresst und gerüttelt in einem vollen, ja überreichlichen Maß zu euch zurückfließen. Nach dem Maß, mit dem ihr gebt, werdet ihr zurückbekommen« (Lukas 6,37-38).

Es ist, als würde Gott Sie auf den Markt schicken, damit Sie Lebensmittel für Ihren Nachbarn kaufen:»Was du für deinen Nächsten kaufst, kaufst du auch für dich. Was du ihm gibst, bekommst du auch.«

Das System ist ganz einfach. Ich bin kein großer Stratege, aber das kann ich begreifen. Ich mag dickes, saftiges Rindfleisch, also kaufe ich meinem Nächsten dickes, saftiges Rindfleisch. Ich bin verrückt nach Schokoladeneis, also kaufe ich meinem Nächsten Schokoladeneis. Und wenn ich Milch trinke, mag ich nicht das entrahmte, wässrige Zeug, das Denalyn mir vorsetzt. Ich will echte Milch, wie Gott sie geschaffen hat. Was kaufe ich also meinem Nächsten? Echte Milch, wie Gott sie geschaffen hat.

Gehen wir noch einen Schritt weiter. Nehmen wir an, der Abfall Ihres Nachbarn wird in Ihren Garten geweht. Sie informieren ihn darüber, und er sagt, er werde sich irgendwann nächste Woche darum kümmern. Sie teilen ihm mit, dass sie Besuch bekommen, und bitten ihn, sich, bitte sehr, früher an die Arbeit zu machen. Er erwidert, Sie sollen nicht so empfindlich sein, und behauptet, dass der Unrat sogar Ihren Garten düngt. Sie nehmen sich gerade vor, über den Zaun zu springen und eine ernsthafte Auseinandersetzung zu beginnen, als Gott Sie daran erinnert: »Es ist Zeit zum Markt zu gehen und für deinen Nachbarn Lebensmittel einzukaufen.« Also murren und maulen Sie auf dem Weg zum Geschäft und dann kommt Ihnen plötzlich eine Idee: »Ich werde mit dem alten Faulpelz abrechnen.« Sie nehmen entrahmte Milch. Danach gehen sie schnurgerade zu den Sardellen und Sardinen. Sie lassen das Schokoladeneis liegen und eilen zu Karotten und Reis. Schließlich halten Sie in der Abteilung für »Brot von gestern« und wählen einen knusprigen Laib mit grünen Punkten am Rand.

Auf dem Rückweg lachen Sie stillvergnügt in sich hinein. Sie legen die Tüte in den Schoß Ihres faulen, nichtsnutzigen Nachbarn. »Guten Appetit!« Dann gehen Sie weg.

Ihre glänzende Idee hat Sie hungrig gemacht, also gehen Sie zum Kühlschrank, um sich ein belegtes Brot zu machen. Raten Sie mal, was Sie vorfinden ... Ihre Vorratskammer ist voll von dem, was Sie Ihrem Feind gegeben haben. Alles, was Sie zu essen haben, ist das, was Sie eben eingekauft haben. Wir bekommen, was wir geben.

Einige von Ihnen essen schon lange Sardinen. Ihr Speiseplan wird sich nicht ändern, solange Sie sich nicht ändern. Sie schauen auf andere Christen. Die sind nicht so sauertöpfisch wie Sie. Die anderen freuen sich an den Leckerbissen Gottes und Sie haben nur Karotten und Sardinen und schimmeliges Brot. Sie haben sich schon lange gefragt, warum die anderen so glücklich aussehen und warum Sie sich so verdrießlich fühlen. Vielleicht wissen Sie es jetzt. Könnte es sein, dass Gott Ihnen genau das gibt, was Sie einem anderen geben?

Möchten Sie Ihren Speiseplan ändern? Oben erwähnte ich die Männerversammlung, in der ich über Ärger sprach. Ein paar Wochen nach meiner Heimkehr erhielt ich diesen Brief von einem Mann namens Harold Staub.

Lieber Max,
vielen Dank, dass du am 7. und 8. Juni in Syracuse, NY, über Vergebung gesprochen hast. Ich war da. Ich wollte dir nur sagen, dass ich mit meiner Frau viel über Vergebung gesprochen habe, als ich nach Hause kam – es waren die besten zwei Wochen meines Lebens. Und dann, am 24. Juni ging sie heim zum Herrn, ihr war vergeben worden. Wie wunderbar ist seine Liebe. Herzlichen Dank.[2]

Als wir Harold anriefen und fragten, ob wir seinen Brief abdrucken dürfen, erzählte er uns ergreifende Einzelheiten von den letzten Tagen mit seiner Frau. Er wusste nicht, dass sie dem Tode nahe war, und sie auch nicht. Er wusste jedoch, dass einige ungelöste Probleme zwischen ihnen standen. Nach seiner Heimkehr ging er zu ihr, kniete vor ihr nieder und bat sie um Vergebung für alles, was er ihr je angetan hatte. Diese Geste öffnete eine Schleuse von Gefühlen und die beiden sprachen bis spät in die Nacht miteinander. Ihren ersten Schritten zur Vergebung folgten weitere, zwei Wochen lang. Ihre Ehe erlebte eine bisher nicht gekannte Tiefe. Harold war schockiert, als seine Frau plötzlich an einer Embolie starb. Aber er war vorbereitet und jetzt hat er Frieden.

Wie steht es mit Ihnen? Möchten Sie Frieden erleben? Dann hören Sie auf, Ihrem Nächsten Ärger zu bereiten. Möchten Sie Gottes Großzügigkeit genießen? Dann seien Sie mit anderen großzügig. Wollen Sie die Gewissheit, dass Gott Ihnen vergibt? Ich denke, Sie wissen, was Sie zu tun haben.

Also, was werden Sie essen? Schokoladeneis oder Karotten? Es liegt an Ihnen.

Kapitel 12

Das Familienzimmer

Zusammen leben lernen

Unser ...

In vielerlei Hinsicht ähneln wir Ruth und Verena Cady. Seit ihrer Geburt im Jahr 1984 haben sie viel geteilt. Wie alle Zwillinge teilen sie sich ein Fahrrad, ein Bett, ein Zimmer und auch ihre Spielsachen. Sie essen gemeinsam, hören gemeinsam Geschichten, schauen zusammen fern und feiern zusammen Geburtstag. Vor ihrer Geburt teilten sie sich dieselbe Gebärmutter und nach ihrer Geburt dasselbe Zimmer. Doch das Band zwischen Ruth und Verena geht noch weiter. Sie haben mehr als Spielsachen und Feste gemeinsam; sie haben ein gemeinsames Herz.

Ihre Körper sind vom Brustbein bis zur Taille zusammengewachsen. Obwohl jede ein eigenes Nervensystem und einen eigenen Charakter hat, werden sie von einem einzigen Herzen mit drei Kammern versorgt. Keine könnte ohne die andere überleben. Da eine Trennung nicht in Frage kommt, wird das intensive Zusammenleben zur Pflicht.

Sie haben gelernt, zusammenzuarbeiten. Nehmen wir zum Beispiel das Gehen. Bevor sie laufen lernten, nahm ihre Mutter an, sie würden abwechselnd vorwärts und rückwärts gehen. Ihr schien es vernünftig, dass sie wechselten, dass einmal die eine, dann die andere nach vorne schaut. Die Mädchen hatten eine bessere Idee. Sie lernten, seitlich zu gehen, fast wie beim Tanzen. Und sie tanzen in dieselbe Richtung.

Sie haben gelernt, mit ihren jeweiligen Schwächen zu leben. Verena isst sehr gerne, aber Ruth wird es am Tisch schnell langweilig. Ruth isst an manchen Tagen nur etwas Obst. Kein Problem, ihre Schwester isst genug für beide. Sie kann durchaus zum Frühstück drei Schalen Cornflakes, zwei Jogurts und zwei Scheiben Toast alleine essen. Ruth wird oft unruhig, wenn ihre Schwester isst, und wirft dann auch schon mal eine Schüssel mit Nachtisch durch das Zimmer. Dafür könnte sie bestraft werden, aber das hätte ja auch Folgen für ihre Schwester.[1]

Wenn eine in der Ecke sitzen muss, trifft das auch die andere. Die Unschuldige klagt nicht darüber; beide haben früh gelernt, dass sie im Guten wie im Bösen verbunden sind. Das ist nur eine der vielen Lektionen, die alle, die im Haus Gottes leben, von diesen Mädchen lernen können.

Teilen wir nicht dieselbe Küche? Werden wir nicht von demselben Dach bedeckt und von denselben Wänden geschützt? Wir schlafen nicht im selben Bett, aber wir schlafen unter demselben Himmel. Wir teilen nicht dasselbe Herz ... oder vielleicht doch? Haben wir nicht dieselbe Hoffnung auf die Ewigkeit, empfinden wir nicht denselben Schmerz bei Zurückweisung und denselben Hunger nach Liebe? Haben wir nicht wie die Zwillinge Ruth und Verena denselben Vater?

Wir beten nicht zu *meinem* Vater, bitten nicht um *mein* tägliches Brot und bitten Gott nicht, *meine* Sünden zu vergeben. Im Haus Gottes sprechen wir in der Mehrzahl: »*unser* Vater«, »*unser* tägliches Brot«, »*unsere* Schuld«, »*unsere* Schuldiger«, »führe *uns* nicht in Versuchung« und »erlöse *uns*«.

All diese Wörter in der Mehrzahl begleiten uns in einen der buntesten Räume des Hauses, das Familienzimmer.

Das Familienzimmer

Wenn Sie Beweise für die Kreativität Ihres Vaters suchen, dann finden Sie hier jede Menge. Wir alle nennen Gott »Vater« und wir nennen Christus unseren »Erlöser«, aber alles andere ist völlig unterschiedlich. Gehen Sie im Zimmer umher, dann sehen Sie, was ich meine.

Gesellen Sie sich zu den Männern beim Billardtisch.
Lernen Sie von den singenden Kindern ein paar Worte Suaheli.
Hören Sie den Theologen zu, die über göttliche Fügung diskutieren.
Erleben Sie Anbetung, die mit dem Dudelsack begleitet wird, dann suchen Sie sich ein eigenes Plätzchen und versuchen es mal mit dem Akkordeon.
Fragen Sie die Missionarin, ob sie sich manchmal einsam fühlt, und den Bibelübersetzer, ob er bisweilen nicht mehr weiter weiß.
Hören Sie das Zeugnis des Mörders und die Musik des Straßenmusikers.

Und wenn Sie gerne wissen möchten, wie all diese Leute aus den anderen Konfessionen bloß hierher geraten sind, dann fragen Sie sie. (Sie stellen Ihnen womöglich dieselbe Frage.)
Ja, Gottes Familie ist groß und bunt.

Wir haben braune und schwarze Haut, lockiges Haar und blaue Augen.
Wir kommen aus teuren Internaten und aus Gettos, aus Villen und Baracken.
Wir tragen Turbane und Roben. Wir mögen Maiskuchen. Wir essen Reis.
Wir haben verschiedene Überzeugungen und Ansichten. Es wäre schön, einig zu sein, doch wir sind es nicht. Dennoch versuchen wir es, denn eines wissen wir:
Es lebt sich besser drinnen miteinander als draußen allein.

Wie es in einer Familie eben so ist ... Von Gottes Blickwinkel her haben wir viel gemeinsam. Jesus zählt unsere Gemeinsamkeiten in seinem Gebet auf. Sie sind leicht zu finden. Jedes Mal, wenn wir das Wort *unser* oder *wir* oder *uns* im Vaterunser finden, steckt ein gemeinsames Bedürfnis dahinter.

Wir sind Kinder, die einen Vater brauchen

Während ich dieses Buch schrieb, verbrachten meine Tochter Jenna und ich einige Tage in der Altstadt von Jerusalem. (Ich habe jeder meiner Töchter versprochen, mit ihr nach Jerusalem zu fahren, wenn sie zwölf Jahre alt ist. Diese Idee habe ich von Maria und Josef übernommen.) Eines Nachmittags, als wir durchs Jaffa-Tor gingen, befanden wir uns hinter einer orthodoxen jüdischen Familie – einem Vater mit seinen drei kleinen Mädchen. Eine der Töchter, vielleicht vier oder fünf Jahre alt, blieb einige Schritte zurück und konnte ihren Vater nicht mehr sehen. »Abba!«, rief sie hinter ihm her. Er blieb stehen und schaute zurück. Erst dann erkannte er, dass er seine Tochter verloren hatte. »Abba!«, rief sie wieder. Er entdeckte sie und streckte sofort seine Hand aus. Sie ergriff die Hand und ich beobachtete genau, was weiter geschah. Ich wollte sehen, wie ein *Abba* handelt.

Ganz fest hielt er ihre Hand in der seinen, während sie den Weg hinabstiegen. Als er an einer verkehrsreichen Straße anhielt, trat sie vom Gehsteig auf die Straße und er zog sie zurück. Als die Ampel grün wurde, führte er sie und ihre Schwestern über die Kreuzung. In der Mitte der Straße beugte er sich hinunter und hob sie hoch in seine Arme und dann gingen sie weiter.

Brauchen wir das nicht alle? Einen *Abba*, der hört, wenn wir rufen? Der uns an der Hand nimmt, wenn wir schwach werden? Der uns über die gefährlichen Kreuzungen des Lebens führt? Brauchen wir nicht alle einen *Abba*, der uns in die Arme nimmt und nach Hause trägt? Wir alle brauchen einen Vater.

Wir sind Bettler, die Brot brauchen

Wir sind nicht nur Kinder, die einen Vater brauchen, wir sind auch Bettler, die Brot brauchen. »Unser tägliches Brot gib uns heute«, beten wir. Vielleicht stört es Sie, dass ich das Wort *Bettler* benutze. Sie ziehen vermutlich das Wort *hungrig* vor. »Wir sind alle hungrig und brauchen Brot.« Ein solcher Ausdruck klingt jedenfalls nicht so würdelos wie das Wort *Bettler.* Wer möchte schon Bettler genannt werden? Haben Sie nicht das Geld verdient, mit dem Sie das Brot gekauft haben, das auf Ihrem Tisch liegt? Sie haben es nicht nötig, um irgendetwas zu betteln. Möglicherweise finden Sie sogar das Wort *hungrig* beleidigend. Hungrig sein bedeutet, ein Grundbedürfnis zuzugeben, etwas, das wir kultivierte Menschen nicht gerne tun. Vielleicht fällt mir ein besserer Ausdruck ein. Wie wäre es damit: Wir sind keine Bettler und wir sind auch nicht hungrig; wir haben ganz einfach Appetit. Das klingt besser. »Wir haben Appetit und möchten Brot.« Wenn man es so ausdrückt, behält man ein Gefühl von Unabhängigkeit.

Schließlich sind Sie es letztendlich, die bestimmen, was Sie essen. Haben Sie nicht die Erde geschaffen, in die der Same gelegt wurde? Nein? Aber Sie haben zumindest den Samen entstehen lassen? Auch nicht? Wie steht es mit der Sonne? Haben Sie während des Tages für Wärme gesorgt? Haben Sie die Regenwolken geschickt? Nein? Was genau haben Sie dann getan? Sie haben von einer Erde, die Sie nicht geschaffen haben, Nahrung geerntet, die Sie nicht gemacht haben.

Wenn ich es richtig sehe, hätten Sie kein Essen auf dem Tisch, wenn Gott nicht seinen Teil geleistet hätte. Na ja, vielleicht ist es doch das Beste, auf das Wort *Bettler* zurückzukommen. Wir sind alle Bettler, die Brot brauchen.

Sünder, die Gnade brauchen

Wir alle haben ein weiteres gemeinsames Bedürfnis: Wir sind Sünder, die Gnade brauchen, Kämpfer, die Kraft brauchen. Jesus lehrt uns beten:»Vergib uns unsere Schuld ... und führe uns nicht in Versuchung.« Wir alle haben Fehler gemacht und werden weiterhin Fehler machen. Die Linie, die die Besten unter uns von den Schlechtesten unter uns trennt, ist schmal, deshalb sollten wir die Mahnung des Apostels Paulus ernst nehmen:

»Warum verurteilst du einen anderen? Warum siehst du auf einen anderen Bruder herab? Wir alle werden einmal vor dem Richterstuhl Gottes stehen. Denn in der Schrift heißt es: ›So wahr ich lebe, sagt der Herr, jedes Knie wird sich vor mir beugen und jeder Mund wird mich bekennen‹« (Römer 14,10).

Ihre Schwester möchte, dass ich Sie daran erinnere, dass sie Gnade braucht. Ihre Schwester braucht Vergebung, genau wie Sie auch. In jeder Beziehung kommt eine Zeit, in der es nur Schaden anrichtet, unbedingt gerecht sein zu wollen, in der das Begleichen alter Rechnungen nur Rachegelüste anfacht. Die Zeit ist reif, dass Sie Ihren Bruder einfach annehmen und ihm dieselbe Gnade schenken, die Ihnen auch geschenkt wurde.

So war es auch mit Jenna. Vorhin habe ich unsere Reise nach Israel erwähnt. Dabei hatten wir noch ein besonderes Erlebnis: Wir stiegen um 1 Uhr morgens in Tel Aviv in ein Flugzeug, das uns in die USA zurückbringen sollte. Solche Reisen sind immer stressig, aber in dieser Nacht war es besonders schlimm. Das Flugzeug war voll besetzt und wir hatten aufgrund außergewöhnlich strenger Sicherheitsvorkehrungen am Flughafen Verspätung. Als wir an Bord gingen, bemerkte ich, dass wir nicht zusammen saßen. Wir waren von einem Gang getrennt. Da keine Zeit war, von der Besatzung Hilfe zu erbitten, beschloss ich, den Mann, der neben Jenna saß, zu bitten, mit mir die Plätze zu tauschen. Das kann er sicher verstehen, dachte ich. Ich hatte mich geirrt. Er hatte es sich für den zehnstündigen Flug bereits bequem gemacht und war nicht gewillt, sich zu bewegen. »Bitte«, flehte ich. »Lassen Sie mich neben meiner Tochter sitzen.« »Ich bleibe, wo ich bin.« »Bitte, lassen Sie uns doch die Plätze tauschen.« Er reckte sich, schaute auf meinen Sitz und lehnte sich wieder zurück. »Nein, danke«, lehnte er ab.

Groll. Ich nahm meinen Platz ein und Jenna ihren, neben dem rücksichtslosen, hartherzigen Schuft. Als das Flugzeug zur Startbahn fuhr, zeichnete ich vor meinem geistigen Auge ein Bild von dem Kerl. Das war nicht schwer. Nur ein oder zwei kurze Blicke in seine Richtung und ich hatte einen Terroristen enttarnt, der unterwegs war, um den Präsidenten unseres Landes zu ermorden. Als das Flugzeug an Höhe gewann, stellte ich mir vor, wie ich ihm ein Bein stellen würde, wenn er während des Flugs zur Toilette ging. Zweifellos hatte er eine Pistole an Bord geschmuggelt und es würde mir zufallen, ihn zu überwältigen.

Ich drehte mich um, um ihn mit einem Brummeln einzuschüchtern und sah zu meinem großen Erstaunen, dass Jenna ihm einen Keks anbot. Was? Meine Tochter schließt Freundschaft mit dem Feind! Und noch schlimmer, er nahm den Keks! Als ob der Keks ein Olivenzweig wäre, nahm er ihr Geschenk an. Dann lehnten sich beide in ihrem Sitz zurück und dösten vor sich hin.

Schließlich schlief ich selber ein, doch nicht bevor ich die Lektion gelernt hatte, die Gott mich durch meine Tochter lehren wollte.

In Gottes Haus leben wir manchmal unter einem Dach mit Menschen, die wir nicht mögen. Wenn wir sie bitten könnten zu verschwinden, würden wir es tun, aber wir haben keine Wahl. Alle sind wir durch Gottes Gnade hier und sollen einander dieselbe Gnade teilen. Wenn Sie sich also das nächste Mal neben einem verdächtigen Kauz befinden, machen Sie ihm das Leben nicht schwer ... bieten Sie ihm einen Keks an.

Kapitel 13

Die Mauern

Satan, der Diener Gottes

**Führe uns nicht in Versuchung,
sondern erlöse uns von dem Bösen ...**

Die wenigen Menschen, die mich je beim Schulsport erlebten, haben nie meine Entscheidung, Pastor zu werden, in Frage gestellt. Ich habe dagegen einen Brief erhalten, in dem ich daran erinnert wurde, wie ich einmal beim Fußball aus Versehen den Ball dem Gegner zuspielte. Ein anderer ehemaliger Klassenkamerad erzählte mir von einem Flugball, der aus meinem Handschuh rutschte, was der gegnerischen Mannschaft zum Sieg verhalf. Und ein anderes Mal soll ich meinem Kameraden einen Freistoß vermasselt haben. Welch schmerzliche Erinnerungen! Sie tun weh, nicht nur, weil ich so viel vermasselt habe, sondern vor allem, weil ich der anderen Mannschaft zum Sieg verholfen habe. Verlieren ist schlimm, aber es ist noch schlimmer, wenn man dafür sorgt, dass die gegnerische Mannschaft gewinnt! Die größte Hilfe für den Gegner leistete ich bei einem Basketballspiel in der sechsten Klasse. Ich kann mich nicht an den genauen Stand des Spiels erinnern, aber ich weiß, es war knapp. Ich erinnere mich an einen Kampf um den Ball und wie verblüfft ich war, als mein Teamkollege mir den Ball zuwarf. Als ich sah, dass niemand zwischen mir und dem Korb stand, startete ich durch. Wie ein angehender Champion brachte ich den Ball elegant in den Korb. Meine Verwunderung darüber, wie leicht mir das gelang, wurde nur von meinem Staunen über das Schweigen der Zuschauer übertroffen.

Niemand applaudierte! Statt mir auf die Schultern zu klopfen, schlugen meine Teamkollegen sich die Hände vors Gesicht. Dann erst erkannte ich, was ich getan hatte. Ich hatte den Ball in den falschen Korb geworfen – ich hatte dem Gegner geholfen! Ich hatte das falsche Team unterstützt. Kein Wunder, dass niemand versucht hatte, mich aufzuhalten – ich half ja ihrer Seite.

Können Sie sich vorstellen, wie ich mich fühlte? Wenn ja, dann können Sie sich auch vorstellen, wie dumm Satan sich vorkommen muss. Denn die Regel für sein Tun lautet: Jedes Mal, wenn er für das Böse einen Punkt gewinnen will, gewinnt er einen Punkt für das Gute. Jedes Mal, wenn er plant, dem Reich Gottes entgegenzuarbeiten, bringt er es voran. Darf ich Ihnen dafür einige Beispiele aus der Bibel nennen?

Die Schüsse der Hölle gehen nach hinten los

Erinnern Sie sich an Abrahams Frau Sara? Gott versprach ihr ein Kind, doch jahrzehntelang blieb sie kinderlos. Satan benutzte ein leere Wiege, um Spannungen, Streit und Zweifel zu provozieren. Sara sollte der hinreichende Beweis dafür sein, dass man Gott nicht vertrauen kann. Dennoch wurde sie zum Beweis des genauen Gegenteils. Der Gedanke an diese Neunzigjährige auf der Entbindungsstation hat Millionen Menschen gezeigt, dass Gott das Beste für den Schluss aufbewahrt.

Wie steht es mit Mose? Satan und seine Horden brüllten vor Freude, als der junge Prinz von genau dem Volk, das er befreien wollte, aus Ägypten verjagt wurde. Sie dachten, sie hätten Gottes Plan zum Scheitern gebracht, während sie in Wirklichkeit in Gottes Hände spielten. Gott benutzte die Niederlage, um seinen Diener zu demütigen, und die Wüste, um ihn auszubilden. Das Ergebnis stand vierzig Jahre später vor dem Pharao:

ein gereifter Mose, der gelernt hatte, auf Gott zu hören und in der Wüste zu überleben.

Und Daniel? Dass die besten jungen Männer von Jerusalem in die Gefangenschaft geführt wurden, schien ein Sieg Satans zu sein. Die Strategie der Hölle bestand darin, die gottesfürchtigen jungen Männer zu isolieren. Aber wieder bewirkte der Plan nichts als den eigenen Schaden. Was Satan als Gefangenschaft plante, benutzte Gott, um Daniel in eine Machtposition zu bringen. Bald danach wurde er gebeten, am Königshof zu dienen. Der Mann, den Satan zum Schweigen bringen wollte, verbrachte den größten Teil seines Lebens damit, zu dem Gott Israels zu beten und die Könige Babylons zu beraten.

Oder denken Sie an Paulus. Satan dachte, das Gefängnis würde seinem Predigen ein Ende setzen, und so war es auch. Aber im Gefängnis konnte er schreiben. Die Briefe an die Galater, Epheser, Philipper und Kolosser wurden alle in einer Gefängniszelle geschrieben. Können Sie sich vorstellen, wie Satan jedes Mal mit dem Fuß in den Dreck stampft und wütend schnaubt, wenn jemand diese Briefe liest? Er hat dazu beigetragen, dass sie geschrieben wurden!

Petrus liefert ein weiteres Beispiel. Satan wollte Jesus unglaubwürdig machen, indem er Petrus dazu bewegte, ihn zu verleugnen. Doch der Schuss ging nach hinten los. Statt ein Beispiel dafür zu werden, wie tief ein Mensch fallen kann, wurde Petrus ein Beispiel dafür, wie weit Gottes Gnade reicht.

Jedes Mal, wenn Satan einen Ball in den Korb wirft, bekommt das andere Team die Punkte. Er ist der Oberst Klink der Bibel. Erinnern Sie sich an Klink? In der Fernsehserie *Ein Käfig voller Helden* leitete Klink angeblich ein Kriegsgefangenenlager während des Zweiten Weltkriegs. Die Menschen im Lager wussten es jedoch besser. Sie wussten, wer das Lager *tatsächlich* leitete: die Gefangenen. Sie hörten Klinks Telefongespräche ab und lasen seine Briefe. Sie setzten Klink sogar Ideen in den Kopf, die er für seine eigenen hielt, und konnten ihn so für ihre eigenen Zwecke benutzen.

Immer und immer wieder veranschaulicht die Bibel, wer die Erde tatsächlich regiert. Satan kann sich brüsten und protzen, doch Gott behält das letzte Wort.

Erlöse uns von dem Bösen

Der vorletzte Satz des Vaterunsers ist eine Bitte um Schutz vor Satan. »Führe uns nicht in Versuchung, sondern erlöse uns von dem Bösen.« Ist ein solches Gebet erforderlich? Würde Gott uns jemals in Versuchung führen? In Jakobus 1,13 lesen wir: »Wer der Versuchung erliegt, sollte niemals sagen: ›Diese Versuchung kommt von Gott.‹ Gott lässt sich nicht zum Bösen verführen, und er verleitet auch niemanden zur Sünde.« Warum beten wir: »Führe uns nicht in Versuchung«, wenn Gott uns nicht versucht? Diese Bitte bereitet auch den scharfsinnigsten Theologen Schwierigkeiten.

Einem Kind jedoch bereitet sie keine Schwierigkeiten. Und dies ist ein Gebet für das kindliche Herz. Dies ist ein Gebet für Menschen, die Gott als ihren *Abba* betrachten. Dies ist ein Gebet für die, die mit ihrem Vater bereits über die Bedürfnisse für diesen Tag (»Unser tägliches Brot gib uns heute«) und die Vergebung für gestern (»Vergib uns unsere Schuld«) gesprochen haben. Jetzt braucht das Kind die Gewissheit, dass morgen für Schutz gesorgt ist.

Diesen Satz kann man am besten mit Hilfe eines Bildes verstehen. Stellen Sie sich vor, wie ein Vater und sein Sohn auf einer eisglatten Straße gehen. Der Vater ermahnt den Sohn, vorsichtig zu sein, aber der Junge ist zu unruhig, um seinen Schritt zu verlangsamen. Er erreicht die erste eisige Stelle. Plumps, schon liegt er auf seinen vier Buchstaben. Der Vater kommt und hilft ihm auf die Beine. Der Junge entschuldigt sich, dass er die Warnung nicht beachtet hat, dann hält er die große Hand seines Vaters fest und bittet: »Halte mich von glatten Eisflächen fern. Pass auf, dass ich nicht mehr hinfalle.«

Der Vater willigt gerne ein. »Der Herr freut sich an einem aufrichtigen Menschen und führt ihn sicher. Auch wenn er stolpert, wird er nicht fallen, denn der Herr hält ihn fest an der Hand« (Psalm 37,23-24). Das ist der Grundgedanke dieser Bitte. Es ist die zärtliche Bitte eines Kindes an seinen Vater. Die letzten »Ausrutscher« haben uns gezeigt: Der Weg ist so gefährlich, dass wir ihn nicht alleine gehen können. Also legen wir unsere kleine Hand in seine große Hand und sagen: »Bitte, *Abba*, halte mich vom Bösen fern.«

Der Böse

Wem sonst würden wir vertrauen, dass er uns vom Bösen befreit? Wir haben von diesem Teufel gehört. Und was wir gehört haben, beunruhigt uns. Zweimal in der Bibel wird der Vorhang der Zeit zurückgeschoben und wir dürfen einen Blick auf das dümmste halsbrecherische Unternehmen der Geschichte werfen. Satan war ein Engel, der nicht damit zufrieden war, nahe bei Gott zu sein; er musste über Gott stehen. Luzifer begnügte sich nicht damit, Gott anzubeten; er wollte auf Gottes Thron sitzen. Laut Hesekiel waren sowohl Satans Schönheit als auch seine Verderbtheit unter den Engeln unübertroffen:

»Du warst das Abbild der Vollkommenheit, voller Weisheit und über die Maßen schön. In Eden warst du, im Garten Gottes, geschmückt mit Edelsteinen jeder Art ... Du wandeltest inmitten der feurigen Steine. Du warst ohne Tadel in deinem Tun von dem Tage an, als du geschaffen wurdest, bis an dir Missetat gefunden wurde« (Hesekiel 28,12-15; Luther).

Wie die Menschen wurden die Engel geschaffen, um Gott zu dienen und ihn anzubeten. Wie die Menschen erhielten die Engel einen freien Willen. Wie könnten sie sonst anbeten? Sowohl Jesaja als auch Hesekiel beschreiben einen Engel, der mächtiger ist als jeder Mensch, schöner als jedes Lebewesen, doch dümmer als jedes Geschöpf, das je existierte. Sein Stolz war der Grund seines Niedergangs.

Die meisten Wissenschaftler sind der Meinung, dass der Fall Luzifers in Jesaja 14,13-15 beschrieben ist:

»Ich will in den Himmel steigen und meinen Thron über die Sterne Gottes erhöhen, ich will mich setzen auf den Berg der Versammlung im fernsten Norden. Ich will auffahren über die hohen Wolken und gleich sein dem Allerhöchsten« (Luther).

Den arroganten Grundton dieser Worte kann man nicht überhören:»Ich will ... Ich will ... Ich will.« Da er wie Gott sein wollte, fiel er von Gott ab, und seither versucht er, andere zu überreden, das Gleiche zu tun. Hat er nicht diese Strategie bei Eva eingesetzt?»Du wirst sein wie Gott«, lautet sein Versprechen (1. Mose 3,5; Luther).

Er hat sich nicht geändert. Er ist heute so ichbezogen wie damals. Und er ist auch noch so beschränkt wie damals. Schon als Luzifers Herz noch gut war, stand er tiefer als Gott. Alle Engel stehen tiefer als Gott. Gott weiß alles, sie wissen nur, was er offenbart. Gott ist überall, sie können nur an einem einzigen Ort sein. Gott ist allmächtig, Engel sind nur so mächtig, wie Gott es zulässt. Alle Engel, einschließlich Satan, stehen tiefer als Gott. Und das erstaunt Sie vielleicht: Satan ist immer noch ein Diener Gottes.

Der Teufel ist»Gottes Teufel«

Er will es nicht sein. Sein größter Wunsch ist, sein eigenes Königreich zu bauen, aber er kann es nicht. Jedes Mal, wenn er versucht, seine Sache voranzubringen, bringt er nur Gottes Sache voran.

Erwin Lutzer drückt diesen Gedanken in seinem Buch *The Serpent of Paradise* so aus:

»In seiner Auflehnung ist Satan genauso Gottes Diener wie in den Tagen seines Gehorsams ... Wir können Luther nicht oft genug zitieren: Der Teufel ist der Teufel Gottes.

Satan hat verschiedene Rollen zu spielen, je nach Gottes Ratschluss und Ziel. Er wird dazu gezwungen, Gottes Willen in der Welt zu tun; er muss nach der Pfeife des Allmächtigen tanzen. Wir dürfen nicht vergessen, dass er furchtbare Mächte hat, doch das Wissen, dass diese nur unter Gottes Leitung und nach seinem Gutdünken ausgeübt werden können, gibt uns Hoffnung. Satan ist einfach nicht frei, um nach Belieben Unheil über Menschen zu bringen.«[1]

Satan tanzt nach der Pfeife des Allmächtigen? Er sucht um die Erlaubnis Gottes nach? Klingt das seltsam in Ihren Ohren? Vielleicht. Wenn ja, dann können Sie sicher sein, dass Satan es lieber hätte, wenn Sie nicht hören, was ich jetzt sage. Er hätte es lieber, wenn Sie fälschlicherweise annähmen, dass er eine unabhängige Kraft mit uneingeschränkter Macht ist. Er will nicht, dass ich Ihnen von den Mauern erzähle, die das Haus Gottes umgeben. Satan kann sie nicht überwinden und nicht durchdringen. Er hat überhaupt keine Macht, außer der Macht, die Gott ihm zugesteht.

Er hätte es lieber, wenn Sie nie die Worte von Johannes hörten: »Der Geist, der in euch lebt, ist größer als der Geist, der die Welt regiert« (1. Johannes 4,4). Und es wäre ihm ganz bestimmt lieber, Sie würden nie erfahren, wie Gott den Teufel benutzt, um die Sache Christi voranzubringen.

Wie benutzt Gott Satan, um das Werk des Himmels zu verrichten? Gott benutzt Satan ...

1. ... um die Gläubigen zu läutern. Wir alle haben die Krankheit des Teufels. Auch die Bescheidensten unter uns haben die Neigung, zu hoch von sich selbst zu denken. Anscheinend war dies auch bei Paulus der Fall. Seine Lebensgeschichte war beeindruckend: eine persönliche Audienz bei Jesus, Empfänger himmlischer Visionen, von Gott ausgewählter Apostel. Er heilte

Kranke, bereiste die Welt und schrieb einige der bedeutendsten Schriften der Weltgeschichte. Wer würde je seine Leistungen übertreffen? Vielleicht wusste er das. Vielleicht gab es eine Zeit, in der Paulus begann, sich selbst auf die Schulter zu klopfen. Gott, der Paulus liebte, aber Stolz hasst, schützte Paulus vor der Sünde. Und dazu benutzte er Satan.

»Doch damit ich nicht überheblich werde, wurde mir ein Dorn ins Fleisch gegeben, ein Bote des Satans, der mich quält und mich daran hindert, überheblich zu werden« (2. Korinther 12,7). Über die Art des Dorns wird uns nichts gesagt, aber wir erfahren seinen Zweck: Paulus demütig zu halten. Wir erfahren auch seine Herkunft: ein Bote Satans. Der Bote kann ein Schmerz, ein Problem oder eine nervenaufreibende Person gewesen sein. Wir wissen es nicht. Aber wir wissen, dass der Bote unter Gottes Herrschaft stand. Betrachten Sie einmal Vers 8 und 9 näher: »Dreimal habe ich zum Herrn gebeten, dass er mich davon befreie. Jedes Mal sagte er: ›Meine Gnade ist alles, was du brauchst. Meine Kraft zeigt sich in deiner Schwäche‹.« Satan und seine Mächte waren nur ein Werkzeug in der Hand Gottes, um einen Diener zu stärken.

Ein weiteres Beispiel dafür, dass der Teufel der Diener Gottes ist, finden wir in der Versuchung Hiobs. Der Teufel wagt es, die Festigkeit von Hiobs Glauben in Frage zu stellen, und Gott gibt ihm die Erlaubnis, Hiob auf die Probe zu stellen. »Der Herr sprach zum Satan: Siehe, alles, was er hat, sei in deiner Hand; nur an ihn selbst lege deine Hand nicht« (Hiob 1,12; Luther). Beachten Sie, dass Gott die Erlaubnis gab und die Bedingungen des Kampfes festlegte. Hiob besteht die Prüfung und Satan beschwert sich; er behauptet, Hiob wäre gefallen, wenn er selbst Schmerzen hätte leiden müssen. Wieder gibt Gott die Erlaubnis und legt die Bedingungen fest. »Der Herr sprach zu dem Satan: Siehe da, er sei in deiner Hand, doch schone sein Leben!« (Hiob 2,6; Luther).

Obwohl er von Leid und Zweifeln erschüttert wird, sind Hiobs Glaube und Gesundheit am Ende stärker als je zuvor. Wir verstehen vermutlich den Grund für die Prüfung nicht, aber wir kennen ihre Quelle. Wir erfahren von ihr im letzten Kapitel. Die Verwandten Hiobs »trösteten ihn über alles Unglück, das *der Herr über ihn hatte kommen lassen*« (Hiob 42,11; Luther). Satan hat keine Macht außer der, die Gott ihm gibt.

Zu der Gemeinde in Smyrna im ersten Jahrhundert sagte Christus: »Fürchte dich nicht vor den Leiden, die dir bevorstehen! Der Teufel wird einige von euch ins Gefängnis werfen und euch versuchen. Ihr werdet zehn Tage lang verfolgt werden. Bleibe treu bis zum Tod, dann will ich dir den Siegeskranz des ewigen Lebens geben« (Offenbarung 2,10).

Schauen Sie sich diese Worte Jesu genau an. Christus informiert die Gemeinde über die Verfolgung, die Dauer der Verfolgung (zehn Tage), den Grund für die Verfolgung (um euch zu versuchen) und das Ergebnis der Verfolgung (den Siegeskranz des ewigen Lebens). Mit anderen Worten: Jesus benutzt Satan, um seine Gemeinde zu festigen.

Oberst Klink vermasselt es wieder. Satan gewinnt einen weiteren Punkt für das andere Team. Wissen Sie, das wurmt ihn. Sogar wenn es aussieht, als würde er gewinnen, verliert er. Martin Luther traf ins Schwarze, als er den Teufel als Werkzeug Gottes beschrieb, als Hacke, die zur Pflege seines Gartens dient. Die Hacke haut nie ab, was der Gärtner stehen lassen will, und lässt nie das stehen, was der Gärtner ausreißen will. Sicher ist es Teil von Satans Strafe, dass er wider Willen als Werkzeug zur Pflege von Gottes Garten dient. Wie frustriert muss er darüber sein! Satan wird von Gott zur Läuterung der Gläubigen benutzt.

Gott benutzt den Teufel auch ...

2. ... um die Schlafenden aufzuwecken. Jahrhunderte vor Paulus kämpfte ein anderer jüdischer Führer mit seinem Ich, doch er verlor. Saul, der erste König Israels, wurde von Eifersucht aufgezehrt. David, der jüngste Sohn einer Hirtenfamilie, stahl ihm die Show. David machte alles besser als Saul: Er sang besser, er hatte mehr Erfolg bei Frauen, er tötete sogar den Riesen, vor dem Saul sich fürchtete. Doch anstatt sich über Davids gottgeschenkte Fähigkeiten zu freuen, wurde Saul aggressiv bis hin zum Irrsinn. In einem offenkundigen Versuch, Saul aus der Vernebelung durch seine Eifersucht aufzurütteln, bediente sich Gott der Hilfe seines Dieners wider Willen, Satan. »Am andern Tage kam der böse Geist von Gott über Saul und er geriet in Raserei in seinem Hause« (1. Samuel 18,10; Luther).

Dahinter steht ein ernster Grundsatz: Es gibt Zeiten, in denen unsere Herzen so hart und unsere Ohren so taub werden, dass Gott uns die Folgen unserer Entscheidungen tragen lässt. In diesem Fall wurde ein Dämon losgelassen, um Saul zu quälen. Weil Saul nicht aus dem Kelch von Gottes Güte trinken wollte, sollte er eine Zeitlang aus dem Kelch des Zorns der Hölle trinken. »Möge er in Verzweiflung getrieben werden, damit er in die Arme Gottes zurückgetrieben wird.«[2]

Das Neue Testament berichtet von Ereignissen, in denen ähnliche Maßregeln verhängt wurden. Paulus rügt die Gemeinde in Korinth wegen ihrer Nachsicht gegenüber der Sittenlosigkeit. Über einen Ehebrecher in der Gemeinde sagt er:

»Dann sollt ihr den Mann aus der Gemeinde ausschließen und dem Satan übergeben, damit seine sündige Natur vernichtet und er selbst gerettet werden kann, wenn der Herr wiederkommt« (1. Korinther 5,5).

Paulus gibt Timotheus ähnliche Anweisungen. Der junge Evangelist hatte mit zwei Jüngern zu tun, die ihren Glauben kaputt gemacht hatten und andere negativ beeinflussten. Wie lauten seine Anweisungen an Timotheus? »Hymenäus und Alexander sind Beispiele dafür; ich habe sie dem Satan ausgeliefert, damit sie lernen, nicht länger Gott zu verachten« (1. Timotheus 1,20).

So drastisch dies scheinen mag, Gott lässt tatsächlich zu, dass ein Mensch die Hölle auf Erden erlebt, in der Hoffnung, seinen Glauben zu erwecken. Eine heilige Liebe trifft die harte Entscheidung, das Kind den Folgen seiner Auflehnung preiszugeben.

Könnte diese Erkenntnis uns übrigens nicht auch helfen, besser zu verstehen, warum das Böse in der Welt überhand nimmt? Wenn Gott zulässt, dass wir die Folgen unserer Sünde tragen, und wenn die Welt voller Sünder ist, dann muss die Welt mit Bösem angefüllt sein. Ist es nicht genau das, worauf Paulus im ersten Kapitel des Römerbriefs hinauswollte? Nachdem Paulus die Menschen beschrieben hat, die die Schöpfung und nicht den Schöpfer anbeten, sagt er:»Deshalb überließ Gott sie ihren schändlichen Leidenschaften« (Römer 1,26). Freut sich Gott beim Anblick des Leidens und der Süchte seiner Kinder? Genauso wenig, wie Eltern Freude empfinden, wenn sie ein Kind bestrafen. Aber die heilige Liebe trifft harte Entscheidungen.

Denken Sie daran, Strafe sollte zu Barmherzigkeit, nicht zu Elend führen. Einige Heilige werden durch einen leichten Knuff in die Schulter aufgeweckt, andere brauchen einen Hieb auf den Kopf. Und wenn Gott einen Hieb für erforderlich hält, ruft er Satan. Er ruft Satan auch ...

3. ... um die Gemeinde zu lehren. Das beste Beispiel dafür, wie Gott Satan für seine Zwecke benutzt, finden wir vermutlich im Leben von Petrus. Hören Sie, wie Jesus ihn warnt:»Simon, Simon, Satan hat euch alle haben wollen. Er wollte euch durchsieben wie Weizen. Doch ich habe für dich gebetet, dass dein Glaube nicht aufhöre. Wenn du also später umgekehrt und zu mir zurückgekommen bist, dann stärke deine Brüder« (Lukas 22,31-32).

Achten Sie auch hier darauf, wer die Situation in der Hand hat. Obwohl Satan einen Plan hatte, musste er um Erlaubnis bitten.»Mir ist alle Macht im Himmel und auf der Erde gegeben«, erklärt Jesus, und dies ist der Beweis (Matthäus 28,18). Ohne Erlaubnis des Hirten kann der Wolf nicht zu den Schafen kommen, und der Hirte wird den Angriff nur erlauben, wenn auf lange Sicht der Gewinn viel größer als alles Leid ist.

Der Zweck dieser Prüfung liegt darin, der Gemeinde ein Zeugnis zu hinterlassen. Jesus ließ zu, dass Petrus auf die Probe gestellt wurde, damit er seine Brüder ermutigen konnte. Vielleicht handelt Gott auch so mit Ihnen. Gott weiß, dass die Gemeinde lebendige Zeugnisse seiner Macht braucht. Ihre Schwierigkeit, Ihre Krankheit, Ihr Konflikt bereiten Sie darauf vor, eine Stimme der Ermutigung für Ihre Geschwister zu werden. Sie können sich immer wieder an diese Verse erinnern:

»Vergesst nicht, dass die Prüfungen, die ihr erlebt, die gleichen sind, vor denen alle Menschen stehen. Doch Gott ist treu. Er wird die Prüfung nicht so stark werden lassen, dass ihr nicht mehr widerstehen könnt. Wenn ihr auf die Probe gestellt werdet, wird er euch eine Möglichkeit zeigen, trotzdem standzuhalten« (1. Korinther 10,13).

»Ihr gedachtet es böse mit mir zu machen, aber Gott gedachte es gut zu machen« (1. Mose 50,20; Luther).

Denken Sie daran, dass Satan nicht durch die Mauern von Gottes Haus dringen kann.

Fällt es Ihnen immer noch schwer, sich vorstellen, wie Ihr Kampf zu etwas Gutem führen soll? Fällt es Ihnen immer noch schwer, Ihre Krankheit oder Schulden oder Tod als Werkzeug für etwas Wertvolles zu betrachten? Wenn ja, dann habe ich ein letztes Beispiel für Sie. Ich möchte keinesfalls Ihren Kampf verharmlosen, doch ich muss sagen, dieser Kampf ist ein Kinderspiel im Vergleich mit seinem. Ein sündloser Retter wurde mit Sünde bedeckt. Der Schöpfer des Lebens wurde in die Höhle des Todes gelegt. Satans Sieg schien sicher. Endlich hatte der Teufel für seine Seite Punkte gewonnen. Und er hatte nicht nur Punkte gewonnen, er hatte den Mannschaftskapitän endgültig erledigt. Der Teufel hatte es mit jedem vermasselt, angefangen von Sara bis hin zu Petrus, aber dieses Mal hat er es richtig gemacht. Die ganze Welt hatte es gesehen. Der Siegestanz hatte schon begonnen.

Doch plötzlich war Licht im Grab und der Fels dröhnte. Die Tragödie vom Freitag wurde zum Sieg vom Sonntag, und sogar Satan wusste, dass er reingelegt worden war. Er war ein Werkzeug in der Hand des Gärtners. Die ganze Zeit über, als er dachte, er würde den Himmel besiegen, hatte er dem Himmel geholfen.

Gott wollte seine Macht über Sünde und Tod beweisen, und genau das hat er getan. Und raten Sie, wer ihm dabei geholfen hat? Wieder einmal ist Satans Rechnung nicht aufgegangen. Nur dieses Mal hat er für den Himmel nicht nur ein paar Punkte gewonnen, er hat für den Himmel den Meistertitel geholt!

Kapitel 14

Die Kapelle

Auf Gottes Kraft vertrauen

Denn dein ist das Reich und die Kraft und die Herrlichkeit in Ewigkeit. Amen.

Neulich las ich einen Bericht über eine Frau, mit der wir, glaube ich, einiges gemeinsam haben. Sie fuhr an einem Tag zum Skifahren, an dem sie besser im Tal geblieben wäre. Niemand hätte ihr einen Vorwurf gemacht. Bei zwölf Grad unter dem Gefrierpunkt blieb auch manch anderer lieber vor dem wärmenden Kamin sitzen. Es war kein idealer Tag zum Skifahren, aber ihr Mann bestand darauf, und so fuhr sie mit.

Als die beiden auf den Lift warteten, merkte die Frau, dass sie auf die Toilette musste, *dringend* auf die Toilette musste. Da sie sich sicher war, dass oben am Lift eine Toilette sein würde, ertrugen sie und ihre Blase die holprige Fahrt – und musste dann feststellen, dass es oben keine Toilette gab. Die Frau geriet in Panik. Ihr Mann hatte eine Idee: Sie solle in den Wald gehen. Mit ihrem weißen Skianzug würde man sie im Schnee gar nicht sehen.

Die Frau hatte keine Wahl. Also fuhr sie auf ihren Skiern auf die Bäume zu und zog ihren Skianzug auf Halbmast herunter. Glücklicherweise konnte niemand sie sehen. Unglücklicherweise aber hatte ihr Mann ihr nicht gesagt, sie solle ihre Skier ausziehen. Bevor ihr richtig bewusst wurde, was los war, schoss sie rückwärts den Abhang hinunter und enthüllte dabei mehr von sich, als sie jemals freiwillig getan hätte. Mit rudernden

Armen glitt sie auf ihren Skiern unter dem Lift hindurch, mit dem sie vor kurzem hoch gefahren war, und wurde schließlich von einem Masten aufgehalten. Als sie sich abmühte, ihren Allerwertesten zu verhüllen, entdeckte sie, dass ihr Arm gebrochen war. Glücklicherweise kam ihr Mann ihr zu Hilfe. Er rief die Bergwacht, die sie ins Krankenhaus brachte.

Während sie in der Notaufnahme saß, wurde ein Mann mit einem gebrochenen Bein hereingetragen und neben ihr abgesetzt. Inzwischen hatte sie sich wieder so weit gefasst, dass sie eine kleine Plauderei begann. »Wie kommt es denn, dass Sie sich Ihr Bein gebrochen haben?«, fragte sie.

»Es war das Verrückteste, das mir je vor Augen gekommen ist«, erklärte er. »Ich fuhr mit dem Skilift nach oben und traute meinen Augen kaum: Da war eine verrückte Frau, die mit voller Geschwindigkeit rückwärts auf ihren Skiern fuhr. Ich habe mich nach vorne gelehnt, um besser sehen zu können, und dabei muss ich mich zu weit vorgelehnt haben. Ich bin aus dem Lift gefallen.«

Dann wandte er sich ihr zu und fragte: »Und Sie, wie haben Sie Ihren Arm gebrochen?«[1]

Machen wir nicht denselben Fehler? Wir steigen auf Berge, auf die wir nie steigen wollten. Wir versuchen, nach oben zu kommen, wenn es besser gewesen wäre, unten zu bleiben, und auf diese Weise sind wir ein paar Mal vor aller Welt ordentlich auf die Nase geflogen. Die Geschichte von der Frau (Vielleicht gehört sie nicht in solch ein Buch? Entschuldigung, ich konnte nicht widerstehen!) beschreibt unsere eigene Geschichte. Es gibt bestimmte Berge, auf die wir einfach nicht steigen sollten. Wenn man sie erklimmt, endet man mit Prellungen und einer Blamage. Halten Sie sich von ihnen fern, dann vermeiden Sie jede Menge Stress. Diese Berge werden im letzten Satz des Vaterunsers beschrieben: »Dein ist das Reich und die Kraft und die Herrlichkeit in Ewigkeit. Amen.«

Rückkehr in die Kapelle

Das Vaterunser gibt uns einen Plan von Gottes Haus. Vom Wohnzimmer unseres Vaters bis zum Familienzimmer mit unseren Freunden erfahren wir, warum David sich danach sehnte, »für immer im Hause des Herrn [zu] wohnen« (Psalm 23,6). Im Haus Gottes haben wir alles, was wir brauchen: ein festes Fundament, einen reich gedeckten Tisch, starke Mauern und ein undurchlässiges Dach der Gnade.

Und jetzt, nachdem wir jeden Raum besichtigt und jede Ecke erforscht haben, bleibt noch eine letzte Station. Nicht ein neuer Raum, sondern einer, den wir bereits besucht haben. Wir kehren zur Kapelle zurück. Wir kehren zum Raum der Anbetung zurück. Sie erinnern sich, die Kapelle ist der Ort, an dem wir vor Gott stehen und bekennen: »Geheiligt werde dein Name.«

Die Kapelle ist der einzige Raum im Haus Gottes, den wir zweimal besuchen. Der Grund dafür ist nicht schwer zu finden. Es tut uns doppelt so gut, über Gott nachzudenken wie über irgendjemand anderen oder irgendetwas anderes. Gott will, dass wir unsere Gebete mit Gedanken an ihn beginnen und beenden. Jesus bittet uns, unseren Blick mehr auf den Gipfel zu lenken, als auf den Weg zu schauen. Je mehr wir uns auf ihn konzentrieren, uns nach oben ausrichten, umso mehr werden wir für unser Leben im Alltag ermutigt.

Vor einigen Jahren wurde eine Gruppe Bergsteiger bei einer Expedition von einem Psychologen begleitet. Der stellte unter anderem einen gewissen Zusammenhang zwischen der Bewölkung und der Stimmung der Gruppe fest. Wenn keine Wolkendecke vorhanden und der Gipfel in Sicht war, zeigten die Bergsteiger Energie und auch Bereitschaft zur gegenseitigen Unterstützung. Wenn jedoch graue Wolken die Bergspitze verhüllten, wirkten die Bergsteiger unmotiviert und verhielten sich ichbezogen.

Ganz ähnlich geht es auch uns. Solange unsere Augen auf Gottes Majestät gerichtet sind, kommen wir beschwingt voran.

Doch sobald wir unser Augenmerk auf den Schmutz unter uns lenken, nörgeln wir wegen jedem Stein und wegen jeder Felsspalte auf dem Weg. Deshalb ermahnt uns Paulus: »Da ihr mit Christus zu neuem Leben auferweckt wurdet, sucht Christus, der zur Rechten Gottes im Himmel sitzt. Denkt nicht an weltliche Angelegenheiten, sondern konzentriert eure Gedanken auf ihn« (Kolosser 3,1-2).

Paulus fordert uns auf, »Christus zu suchen«. Nach oben statt auf den Weg zu schauen, dazu ermahnt auch schon der Psalmist: »Kommt lobt mit mir die Größe des Herrn, lasst uns gemeinsam seinen Namen ehren« (Psalm 34,4).

Loben. In manchen Bibelübersetzungen steht hier das Wort *größer machen.* Welch wunderbares Wort, um zu beschreiben, was wir in der Kapelle tun. Wenn man einen Gegenstand vergrößert, kann man ihn besser erkennen. Wenn wir Gott sozusagen vergrößern, können wir ihn ebenfalls besser erkennen, besser verstehen. Genau das geschieht in der Kapelle der Anbetung – wir wenden unseren Blick von uns selbst weg und richten ihn auf Gott. Die Betonung liegt auf ihm. »*Dein* ist das Reich und die Kraft und die Herrlichkeit in Ewigkeit.«

Und das ist genau der Zweck dieses letzten Satzes des Vaterunsers. Diese Worte richten unseren Blick auf einen großen Gott. Mir gefällt, wie dieser Satz in *The Message* wiedergegeben wird:

Du bist der Chef!
   Du kannst alles tun, was du willst!
      Du strahlst vor Schönheit!
         Ja! Ja! Ja!

Könnte es einfacher sein? Gott ist der Chef. Dieser Gedanke ist nichts Neues für uns. Wenn der Kellner uns ein kaltes Schnitzel und lauwarme Limonade vorsetzt, wollen wir wissen, wer der Chef des Restaurants ist. Wenn ein junger Mann seine Freundin beeindrucken will, führt er sie in den Supermarkt, in dem er arbeitet, und prahlt: »Jeden Abend von fünf bis zehn Uhr bin ich hier der Chef.« Wir wissen, was es bedeutet, der Chef in einem Restaurant oder einem Laden zu sein, aber Chef des Universums? Das ist der Anspruch Jesu.

»[Gott] hat Christus von den Toten auferweckt und ihm den Ehrenplatz zu Gottes rechter Seite im Himmel gegeben ... Jetzt ist er als Herrscher eingesetzt über jede weltliche Regierung, Gewalt, Macht und jede Herrschaft und über alles andere, in dieser wie in der zukünftigen Welt. Gott hat alles der Herrschaft von Christus unterstellt und hat Christus als Herrn über die Gemeinde eingesetzt« (Epheser 1,21-23).

Es gibt viele Geschichten, die die Vollmacht von Jesus verdeutlichen, ich will nur eine herausgreifen, die mir besonders gefällt. Jesus und die Jünger überqueren mit einem Boot den See Genezareth. Plötzlich zieht ein Sturm auf und der friedliche See beginnt zu toben – gewaltige Wellen rollen gegen das Boot. Markus beschreibt es sehr anschaulich: »Doch bald darauf erhob sich ein heftiger Sturm, und hohe Wellen schlugen ins Boot, bis es fast ganz voll Wasser gelaufen war« (Markus 4,37).

Es ist sehr wichtig, dass Sie ein genaues Bild der Lage bekommen, deshalb bitte ich Sie, sich vorzustellen, dass Sie selbst in dem Boot sitzen. Es ist ein robuster Kahn, aber den drei Meter hohen Wellen ist er nicht gewachsen. Mit dem Bug voran taucht er in die Wand aus Wasser. Die Wucht der Wellen schleudert das Boot gefährlich hin und her. Der Bug scheint schnurstracks in den Himmel gerichtet, und gerade, als Sie fürchten, rücklings herauszufallen, stürzt das Schiff mit dem Bug voran in ein Wellental. Ein Dutzend Paar Hände umklammern wie Ihre den Mast. Ihre Schiffskameraden haben alle nasse Haare und weit aufgerissene Augen. Sie horchen nach einer beruhigenden Stimme, aber alles, was Sie hören, sind Schreie und Gebete. Und urplötzlich fällt Ihnen auf, dass jemand fehlt. Wo ist Jesus? Er ist nicht beim Mast. Er klammert sich nicht am Bootsrand fest. Wo ist er? Dann hören Sie etwas – ein Geräusch ... sehr seltsam, in dieser Umgebung ... als würde jemand schnarchen. Sie drehen sich um und schauen, und dort, im Heck des Schiffes, liegt Jesus und schläft!

Sie wissen nicht, ob Sie staunen oder sich ärgern sollen, also machen Sie beides. Wie kann Jesus in dieser Situation schlafen? Oder, wie die Jünger im biblischen Bericht fragen: »Lehrer, macht es dir denn gar nichts aus, dass wir umkommen?« (Markus 4,38).

Wenn Sie Eltern eines Teenagers sind, haben Sie schon ähnliche Fragen gehört. Als Sie sich geweigert haben, eine Hypothek auf Ihr Haus aufzunehmen, damit Ihre Tochter sich Tennisschuhe nach der neuesten Mode kaufen kann, hat sie gefragt: »Macht es dir denn gar nichts aus, wenn ich altmodisch aussehe?«

Als Sie darauf bestanden haben, dass Ihr Sohn sein Fußballspiel am Wochenende sausen lässt und stattdessen zur Goldenen Hochzeit seiner Großeltern fährt, hat er gefragt: »Macht es dir denn gar nichts aus, wenn ich keinen Kontakt mehr mit meinen Freunden habe?«

Als Sie das Ohrstechen auf ein Loch pro Ohrläppchen beschränken wollten, kam die dürftig als Frage verdeckte Anschuldigung: »Macht es dir denn gar nichts aus, wenn ich nicht zu den anderen dazugehöre?«

Macht es den Eltern etwas aus? Natürlich. Sie sehen die Dinge nur etwas anders. Was ein Teenager für einen Orkan hält, ist für Papa und Mama ein Frühlingswind. Sie haben genug erlebt, um zu wissen, dass diese Dinge vorübergehen.

Das galt auch für Jesus. Der Sturm, der die Jünger in Panik versetzte, machte ihn schläfrig. Was ihnen Furcht einjagte, ließ ihn in Schlaf versinken. Für die Jünger war das Boot ein Grab, für Christus eine Wiege. Wie konnte er in diesem Sturm schlafen? Ganz einfach, er war der Chef des Sturms.

Das Gleiche geschieht mit Ihnen und dem Fernsehen. Sind Sie jemals vor dem Fernseher eingedöst? Natürlich. Aber stellen Sie mal Ihren Fernsehapparat in die Grashütte eines Indianers aus dem Amazonasgebiet, der noch nie solch ein Gerät gesehen hat, und glauben Sie mir, er wird nicht einschlafen! Wie könnte jemand in Gegenwart eines sprechenden Kastens einschlafen?! Diese kleinen Menschen hinter der Glaswand könnten ja aus dem Kasten klettern und auf ihn losgehen. Keinesfalls wird er schlafen. Und er lässt Sie auch nicht einschlafen. Wenn Sie eindösen, weckt er Sie auf. Macht es dir denn gar nichts aus, wenn wir niedergemetzelt werden? Was tun Sie, um sich nicht mit ihm auseinander setzen zu müssen? Sie richten die Fernbedienung auf den Bildschirm und schalten den Apparat aus. Jesus brauchte nicht einmal eine Fernbedienung. »Jesus erwachte, bedrohte den Wind und befahl dem Wasser: ›Schweig! Sei still!‹ Sogleich legte sich der Wind, und es herrschte tiefe Stille. Und er fragte die Jünger: ›Warum seid ihr so ängstlich? Habt ihr immer noch keinen Glauben?‹« (Markus 4,39-40).

Unglaublich. Er leiert kein Mantra herunter und schwenkt keinen Zauberstab. Er ruft keine Engel, er braucht keine Hilfe. Das tobende Wasser wird ein stiller See, sofort. Augenblicklich herrscht Ruhe. Nicht die kleinste Welle. Kein Tropfen. Kein Windstoß. In einem Augenblick verwandelt sich der See von einem tosenden Ungetüm in einen friedlichen Teich. Die Reaktion der Jünger? Lesen Sie Vers 41: »Voll Furcht sagten sie zueinander: ›Wer ist dieser Mann, dass ihm sogar Wind und Wellen gehorchen?‹«

Noch nie zuvor hatten sie einen solchen Mann gesehen. Die Wellen waren seine Untertanen und die Winde seine Diener. Und das war erst der Anfang von dem, was seine Schiffskollegen noch sehen sollten. Sie sollten sehen, wie Fische ins Boot springen, wie Dämonen in Schweine fahren, wie Lahme zu Tänzern und Tote zu lebenden, atmenden Menschen werden. »Sogar böse Geister gehorchen seinem Befehl!«, riefen die Menschen (Markus 1,27).

Ist es verwunderlich, dass die Jünger bereit waren, für Jesus zu sterben? Nie zuvor hatten sie solche Macht, solche Herrlichkeit gesehen. Es war, als sei das ganze Universum sein Reich. Sie hätten ihnen diesen Vers nicht erklären müssen; sie wussten, was er bedeutet: »Dein ist das Reich und die Kraft und die Herrlichkeit in Ewigkeit.«

In der Tat waren es zwei dieser geretteten Fischer, die seine Vollmacht besonders klar verkündeten. Johannes schreibt: »Der Geist, der in euch lebt, [ist] größer als der Geist, der die Welt regiert« (1. Johannes 4,4). Und Petrus: »Jetzt ist Christus in den Himmel aufgestiegen. Er sitzt an Gottes rechter Seite, und alle Engel und Gewalten und Mächte beugen sich vor ihm« (1. Petrus 3,22). Es ist nur recht, dass sie seine Macht verkünden. Und es ist nur recht, dass wir dasselbe tun. Und genau das ist dieser Satz, eine feierliche Erklärung. Wir stellen mit ganzem Herzen fest: So ist es. Hat er es nicht verdient, dass wir seine Macht feierlich erklären? Ist es nicht nur recht und billig, dass wir aus tiefstem Herzen und mit lauter Stimme rufen: »Dein ist das Reich und die Kraft und die Herrlichkeit in Ewigkeit«? Ist es nicht angebracht, dass wir diese »Berge Gottes« betrachten und ihn anbeten?

Selbstverständlich. Gott hat es verdient, unseren Lobpreis zu hören, wir müssen ihm die Ehre geben.

Berge, die wir nicht erklimmen sollten

Es gibt bestimmte Berge, die nur Gott bezwingen kann. Wie diese Berge heißen? Wenn Sie aus dem Fenster der Kapelle im Haus Gottes schauen, können Sie sie sehen »Dein ist das Reich und die Kraft und die Herrlichkeit in Ewigkeit.« Drei Gipfel, die in Wolken verhüllt sind. Bewundern Sie sie, spenden Sie ihnen Beifall, aber besteigen Sie sie nicht.

Sie können es gerne versuchen. Das Problem ist nur, dass Sie es nicht schaffen können. Das Pronomen lautet *dein*, nicht *mein; dein* ist das Reich, nicht *mein* ist das Reich. Wenn das Wort *Retter* in Ihrer Arbeitsplatzbeschreibung steht, dann haben Sie selbst es dort eingefügt. Ihre Rolle ist es, der Welt zu helfen, nicht sie zu retten. Der »Messias-Gipfel« ist ein Berg, auf den Sie nicht steigen sollten.

Ebenso ist es mit dem »Schaff-ich-alles-selbst-Gipfel«. Nicht Sie regieren die Welt und sorgen dafür, dass alles läuft. Manche Menschen meinen, sie können es. Sie glauben, sie schaffen es aus eigener Kraft. Sie beugen ihre Knie nicht, sondern krempeln die Ärmel hoch und beginnen einen weiteren Zwölf-Stunden-Tag ... Das reicht vielleicht, wenn es darum geht, seinen Lebensunterhalt zu verdienen oder ein Geschäft aufzubauen. Aber wenn Sie vor Ihrem eigenen Grab oder Ihrer eigenen Schuld stehen, richtet Ihre Kraft nichts aus.

Sie sind nicht dazu geschaffen, ein Königreich zu regieren, und niemand erwartet von Ihnen, dass Sie allmächtig sind. Und sicherlich können Sie auch nicht mit all dem Ruhm umgehen. Der »Applaus-Gipfel« ist der verlockendste der drei Gipfel. Je höher Sie steigen, umso mehr wird Beifall geklatscht, aber umso dünner wird die Luft. Wie viele standen schon ganz oben und riefen: »Ich hab's geschafft!« Dann verloren sie das Gleichgewicht und stürzten ab.

»Dein ist das Reich und die Kraft und die Herrlichkeit in Ewigkeit.« Dieser letzte Satz bietet einen sicheren Schutz. Wenn Sie bekennen, dass Gott der Chef ist, geben Sie zu, dass Sie es nicht sind. Wenn Sie erklären, dass Gott die Kraft hat, geben Sie zu, dass Sie die Kraft nicht haben. Und wenn Sie Gott allen Applaus geben, ist keiner mehr übrig, der Ihnen den Kopf verdrehen kann.

Von der Frau auf der Skipiste können wir etwas lernen. Es gibt Berge, auf die wir nicht steigen sollten. Bleiben Sie unten, auf dem Platz, der Ihnen zusteht, dann bleiben Ihnen viele Schwierigkeiten erspart.

— Kapitel 15 —

Ein Zuhause für Ihr Herz

Wo Vertrauen beginnt

Neulich wollte eine Freundin von Sara bei uns übernachten. Da am folgenden Tag keine Schule war, durften beide so lange aufbleiben, wie sie wollten. Siebenjährigen bedeutet ein Aufschub der Schlafenszeit fast so viel wie einem zum Tode Verurteilten die Begnadigung. Die beiden hielten länger durch als ich. Ich schlief in einem Sessel ein und als ich aufwachte, merkte ich, dass es fast Mitternacht war und die beiden immer noch wach waren. »Gut, Mädels«, sagte ich, »jetzt gehen wir schlafen.« Unter Protest zogen sie sich um, putzten die Zähne und stiegen ins Bett. In diesem Moment bat unser kleiner Gast, seine Mama anrufen zu dürfen. Zunächst lehnten wir ab, aber als ihr Kinn zitterte, ihre Augen feucht wurden und wir wussten, dass sie gleich in Tränen ausbrechen würde, gaben wir ihr das Telefon.

Ich konnte mir ausmalen, was am anderen Ende der Leitung geschah – das Telefon klingelte im Dunkeln, eine Mama hangelte über den schlafenden Ehemann hinweg nach dem Hörer.

Das kleine Mädchen machte keine lange Vorrede. »Mama, ich will nach Hause.« Mit einem Teddybär in einer Hand und dem Telefonhörer in der anderen erklärte sie ihr Problem. Sie fürchtete sich davor, in einem fremden Zimmer aufzuwachen. Dies war nicht ihr Haus. Sie wollte ihr Bett, ihr Kissen und vor allem ihre Mama.

Ich kann ihr keinen Vorwurf machen. Wenn ich unterwegs bin, ist der schwierigste Teil der Reise das Einschlafen. Das

Kissen ist nicht so, wie es sein soll, die Bettlaken sind zu ... zu steif? Außerdem, wer weiß, wer letzte Nacht hier geschlafen hat. Die Vorhänge verdecken nie ganz das grelle Neonlicht von draußen. Ich muss früh aufstehen, aber kann ich mich darauf verlassen, dass der Nachtportier mich tatsächlich weckt? Schließlich gab es ja diese Übernachtung in Boise, als mich niemand weckte und ... Meine Gedanken drehen sich weiter und befassen sich mit allen möglichen Dingen, angefangen von Denalyns Arztbesuch bis zum morgigen Flug und der Einkommensteuererklärung im nächsten Frühjahr. Ich würde gerne nach Hause telefonieren, aber es ist zu spät. Ich würde gerne spazieren gehen, aber ich könnte überfallen werden. Ich würde gerne den Zimmerservice rufen, aber das habe ich schon getan. Ich würde gerne einfach nach Hause gehen, aber ich bin doch ein erwachsener Mann. Schließlich setze ich mich im Bett auf, schalte den Fernseher ein und schaue eine Sportübertragung, bis meine Augen brennen und ich endlich einschlafe.

Ich kann Saras Freundin verstehen. Wenn es darum geht, Ruhe für den Körper zu finden, dann geschieht das am besten zu Hause.

Ich kann auch den Psalmsänger David verstehen. Wenn es darum geht, Ruhe für die Seele zu finden, dann geschieht das am besten im Haus Gottes. Er schrieb: »Eine einzige Bitte habe ich an den Herrn. Ich sehne mich danach, solange ich lebe, im Haus des Herrn zu sein, um seine Freundlichkeit zu sehen und in seinem Tempel still zu werden. Denn er wird mich aufnehmen, wenn schlechte Zeiten kommen, und mir in seinem Heiligtum Schutz geben« (Psalm 27,4-5).

Wenn Sie sich von Gott eine Sache wünschen könnten, worum würden Sie ihn bitten? David erzählt uns, worum er bitten würde. Er sehnt sich danach, im Haus Gottes zu *wohnen*. Ich betone das Wort *wohnen*, weil es wirklich hervorzuheben ist. David will nicht plaudern. Er möchte keine Tasse Kaffee auf der Terrasse trinken. Er bittet nicht um eine Mahlzeit oder um einen Abend in Gottes Haus. Er will bei ihm einziehen ... für immer. Er bittet um ein Zimmer ... auf Dauer. Er will nicht vorübergehend in Gottes Haus unterkommen, er will sich für immer dort niederlassen. Er sucht keine vorläufige Bleibe, sondern eine Wohnung auf Lebenszeit.

Wenn David sagt: »Ich werde für immer im Hause des Herrn wohnen« (Psalm 23,6), meint er damit, dass er nie von Gott weggehen will. Er sehnt sich danach, in der Atmosphäre, in dem Bewusstsein zu bleiben, dass er in Gottes Haus ist, egal wo er sich befindet.

Das Vaterunser ist ein Grundriss des Hauses Gottes: eine schrittweise Beschreibung, wie Gott unsere Bedürfnisse erfüllt, wenn wir in ihm bleiben. Alles, was in einem guten, intakten Haus geschieht, wird in diesem Gebet beschrieben. Schutz, Unterweisung, Vergebung, Versorgung ... alles geschieht unter Gottes Dach.

Jetzt könnten Sie fragen: »Warum erleben dann nicht mehr Menschen etwas von diesem Schutz, dieser Vergebung und Unterweisung?«

Meine Antwort ist so einfach wie die Frage direkt ist. Die meisten wissen nicht, wie man in Gottes Haus wohnt. Ja, wir schauen auf einen Sprung herein. Wir bleiben einen Tag dort oder kommen schnell mal zum Essen vorbei. Aber dort bleiben? – Doch das ist Gottes Wunsch.

Denken Sie an das Versprechen seines Sohnes: »Wer mich liebt, wird tun, was ich sage. Mein Vater wird ihn lieben, und wir werden zu ihm kommen und bei ihm wohnen« (Johannes 14,23). Er will derjenige sein, in dem wir »leben, handeln und sind« (Apostelgeschichte 17,28).

Ich möchte Ihnen zum Schluss beispielhaft verdeutlichen, wie das Vaterunser ein Zuhause für Ihr Herz sein kann. Ich habe einen weiten Weg vor mir, aber ich versuche, im Haus Gottes zu wohnen. In den vergangenen sieben Tagen habe ich immer mal wieder aufgeschrieben, wie ich in den verschiedenen Teilen des Hauses Kraft schöpfte.

Am Montag war ich müde, körperlich ausgelaugt. Deshalb trat ich in die Kapelle und sagte: »Dein ist die Kraft«, und der Vater erinnerte mich daran, dass es in Ordnung ist, wenn ich mich ausruhe.

Am Dienstag hatte ich mehr zu tun, als mir Stunden zur Verfügung standen. Anstatt mich aufzureiben ging ich in die Küche und bat um das tägliche Brot. Er gab mir die Kraft, alles zu erledigen.

Am Mittwoch war ich wieder in der Küche. Ich brauchte Ideen für ein Kinderbuch. Ich trat also an den Tisch und äußerte eine Bitte. Am Abend war der Entwurf des Manuskripts fertig.

In dieser Woche hatten wir eine Mitarbeiterversammlung. Wir begannen mit einer halben Stunde Gebet und Anbetung, während der ich in die Sternwarte und danach in die Kapelle trat. Ich bat den Gott, der die Himmel erschaffen hat, um das Gelingen der Versammlung, und er erhörte mein Gebet. Ich bat den Heiligen Gott, der über uns ist, uns zu führen, und er tat es.

Einmal war ich ungeduldig. Ich ging in die Diele und bat um Gottes Gnade, nur um zu entdecken, dass er sie schon geschenkt hatte. Ein anderes Mal wurde ich versucht, doch gerade zur rechten Zeit kam eine Person mit einem Wort der Weisheit ins Zimmer, und ich wurde daran erinnert, wie dick die Mauern sind. Und dann war da die Frustration, die ich wegen der Äußerung einer Person verspürte. Da ich nicht wusste, wie ich mich verhalten sollte, trat ich ins Studierzimmer und öffnete die Bibel, und 1. Korinther 13 rief mir in Erinnerung: »Die Liebe ist geduldig und freundlich.«

Ich möchte keinen falschen Eindruck erwecken. Es gab Zeiten, in denen ich mich mehr sorgte, als dass ich anbetete, es gab Zeiten, in denen ich Gott sagte, was ich haben muss, anstatt darauf zu vertrauen, dass er meinen Teller füllt. Doch Tag um Tag lerne ich, im Haus Gottes zu leben.

Das hoffe ich auch von Ihnen. Befolgen Sie den Rat von Paulus und beten Sie »ohne Unterlass«. Setzen Sie sich das Ziel, Gottes Haus nie zu verlassen. Wenn Sie sich wegen Ihrer Rechnungen Sorgen machen, gehen Sie in Gottes Küche. Wenn Sie sich wegen eines Fehlers schlecht fühlen, schauen Sie auf das Dach. Wenn Sie einen neuen Kunden besuchen, flüstern Sie ein Gebet, wenn Sie sein Büro betreten: »Dein Reich komme an diesen Ort.« Wenn Sie in einer spannungsgeladenen Sitzung sind, treten Sie innerlich in den Heizraum und beten: »Lass den Frieden des Himmels auf Erden spürbar werden.« Wenn es Ihnen schwer fällt, Ihrem Ehepartner zu vergeben, ziehen Sie den Scheck der Gnade heraus, den Gott Ihnen gegeben hat.

Ich bitte Sie, wie Paulus es tat: »Lasst euch von Gott durch Veränderung eurer Denkweise in neue Menschen verwandeln« (Römer 12,2). Möge der Heilige Geist Ihre Denkweise verändern. Mögen Sie sich mit der Zeit im Haus Gottes so wohl fühlen, dass Sie es nie mehr verlassen. Und wenn Sie merken, dass Sie in einem anderen Haus sind, tun Sie, was Saras Freundin tat – rufen Sie zu Hause an. Sagen Sie Ihrem Vater, dass Sie in keinem Haus außer seinem Ruhe finden können. Er ärgert sich nicht über den Anruf. Im Gegenteil, er wartet schon neben dem Telefon.

Nachwort

Sein Gebet begleitet uns

Wir sind zu Hause

Ist es nicht ein wunderbares Gefühl zu wissen, dass wir zu Hause sind, da, wo wir hingehören? Hier, an dem Ort, nach dem unser Geist sich gesehnt, dem Ort, an dem wir uns sicher fühlen, wo wir Ruhe finden? Darf ich Ihnen einen Vorschlag für Ihr Leben im Haus Gottes machen? Jeden Tag, wenn Sie in seiner Gegenwart aufwachen, denken Sie an den Grundriss. Und während Sie mit Ihrem Vater sprechen, bewegen Sie sich in Gedanken in seinem Haus. Das hilft Ihnen, in seine Gegenwart zu treten. Hier ist ein Beispiel, wie das Vaterunser Sie in Ihren Gebeten leiten kann:

Vater unser,
ich danke dir, dass du mich in deine Familie aufgenommen hast.

der du bist
Danke, mein Herr,
dass du ein Gott der Gegenwart bist:
mein Jahwe-jireh (der Gott, der sorgt),
mein Jahwe-raah (der liebevolle Hirte),
mein Jahwe-shalom (der Herr ist Friede),
mein Jahwe-rophe (der Gott, der heilt)
und mein Jahwe-nissi (der Herr, mein Banner).

im Himmel.
Deine Werkstatt der Schöpfung erinnert mich daran: Wenn du die Himmel schaffen konntest, kannst du auch einen Sinn in meinen Kämpfen erkennen.

Geheiligt werde dein Name.
Sei heilig in meinem Herzen.
Du bist höher als alles andere.
Mache mich fähig, meine Augen auf dich zu richten.

Dein Reich komme.
Ja, komme! Komm, Herr Jesus!
Herrsche du in jedem Winkel meines Lebens.

Dein Wille geschehe.
Zeige mir dein Herz, lieber Vater.
Zeige mir meine Rolle in deiner Passion.
Leite mich bei den folgenden Entscheidungen ...

Wie im Himmel, so auf Erden.
Danke, dass du den Himmel zum Schweigen bringst,
um mein Gebet zu hören.
Die Menschen, die ich liebe, liegen mir am Herzen.
Ich bete für ...

Unser tägliches Brot gib uns heute.
Ich nehme das an, was du mir für mein Leben
heute zuteilst.
Ich überlasse dir meine Sorgen um mein Wohlergehen.
Ich mache mir Sorgen wegen ...

Vergib uns unsere Schuld.
Ich danke dir für das Dach der Gnade über meinem Kopf,
das zusammengehalten wird durch das Holz und die Nägel
von Golgatha.
Nichts kann ich tun, um deine Barmherzigkeit zu verdienen
oder größer zu machen.
Ich bekenne dir meine Sünden ...

Wie auch wir vergeben unseren Schuldigern.
Behandle mich so, Vater, wie ich andere behandle.

Habe Erbarmen mit diesen Menschen,
die mich verletzt haben ...

Führe uns nicht in Versuchung.
Lass meine kleine Hand in deiner großen Hand geborgen sein.
Halte mich fest, damit ich nicht falle.
Ich bitte besonders um Kraft für ...

Unser Vater ... gib uns ... vergib uns ... führe uns.
Lass deine Freundlichkeit über deiner ganzen Kirche sein.
Ich bete insbesondere für die Pfarrer in der Nähe
und die Missionare in der Ferne.

Dein – nicht mein – ist das Reich.
Ich lege dir meine Pläne zu Füßen.

Dein – nicht mein – ist die Kraft.
Ich bitte dich um Kraft.

Dein – nicht mein – ist die Herrlichkeit.
Ich gebe dir alle Ehre.

In Ewigkeit. Amen.
Dein – nicht mein – ist die Kraft. Amen.

Anmerkungen

Das Haus Gottes

Kapitel 2   Das Wohnzimmer
1. Joachim Jeremias, *The Prayers of Jesus* (New York: SCM Press, 1967), S. 57, wie zitiert in John Stott, »Has Anyone Told You About the Power of Prayer?« Tonbandkassette, All Souls Cassettes, Nr. E42/1A.

Kapitel 3   Das Fundament
1. Vgl. Nathan Stone, *Names of God* (Chicago: Moody Press, 1944).

Kapitel 4   Die Sternwarte
1. nach Brennan Manning, *The Ragamuffin Gospel* (Portland, OR: Multnomah Press, 1990), S. 32-33.

Kapitel 9   Die Küche
1. Charles Panati, *Panati's Extraordinary Origins of Everyday Things* (New York: Harper and Row, Publisher, 1987), S. 81.
2. Ebenda, S. 86.
3. Alan Redpath, *Victorious Praying* (Grand Rapids, MI: Revell, 1973), S. 74.

Kapitel 11   Die Diele
1. John MacArthur, »The Pardon of Prayer«, Tonbandkassette, © 1980 John MacArthur (Word of Grace, Panorama City, CA).
2. Dank an Harold Staub für die Genehmigung zum Abdruck dieses Briefes.

Kapitel 12   Das Familienzimmer
1. K. Hubbard, »A Gift of Grace: The Death of Conjoined Twins Ruth and Verena Cady«, *People Weekly*, 5. November 1993, Band 36, S. 42-44.

Kapitel 13   Die Mauern

1. Erwin Lutzer, *The Serpent of Paradise* (Chicago: Moody Press, 1996), S. 102.
2. Ebenda, S. 111.

Kapitel 14   Die Kapelle

1. Louis Lambley, »... so how'd you break your arm?« Et Cetera, *North Bend Eagle*, 18. Januar 1995, S. 4.

Anregungen zur Arbeit mit diesem Buch

von *Steve Halliday*

Das Haus Gottes
Kapitel 1: Ein Zuhause für Ihr Herz

Zum Nachdenken

1. Gott kann Ihr »Wohnort« sein.
   A. Wie kann Gott der »Wohnort« eines Menschen sein?
   B. In welchem Sinne ist Gott Ihr Wohnort? Versuchen Sie es zu erklären.
2. Sie denken möglicherweise tagelang nicht an Gott, aber es vergeht keine Sekunde, in der er nicht an Sie denkt.
   A. Wie oft denken Sie Ihrer Schätzung nach an Gott? Was hält Sie davon ab, an ihn zu denken? Wie überwinden Sie dieses Hindernis?
   B. Glauben Sie, dass Gott immer an Sie denkt?
3. Sie sind nur einen Schritt vom Haus Gottes entfernt. Egal, wo Sie sind. Egal, wann.
   A. Wie können wir uns das Eintreten in das Haus Gottes vorstellen?
   B. Hilft Ihnen dieses Bild vom Haus Gottes, das Vaterunser besser zu verstehen und in Ihr Leben einzubeziehen? Wenn ja, wie? Wenn nein, warum nicht?
4. Christus gab uns nicht nur ein »Mustergebet«, er gab uns zugleich auch eine Richtschnur für unser Leben. Diese Worte erklären uns nicht nur, was wir Gott sagen sollen, sie erklären uns, wie wir mit Gott leben können.
   A. In welchem Sinne ist das Vaterunser eine Richtschnur für unser Leben?
   B. Inwieweit erklärt uns das Vaterunser, wie wir mit Gott leben können?
   C. Welcher Teil des Vaterunsers spricht Sie am meisten an? Warum?

Vorbereitung

1. Lesen Sie das Vaterunser in Matthäus 6,9-13.
   A. Welcher Teil dieses Gebets ermutigt Sie am meisten? Warum?
   B. Welcher Teil macht Ihnen etwas klar? Warum?
   C. Gibt es Teile, die Sie nicht verstehen? Wenn ja, welche?
   D. Wenn Sie jedem Teil dieses Gebets einen Teil eines Hauses zuordnen müssten, wie würden Sie dabei vorgehen?
2. Lesen Sie Apostelgeschichte 17,24-28.
   A. Welches Bild von Gott wird in diesem Abschnitt gezeichnet? Wie passt dieses Bild in Ihre Vorstellung von einem Gebet? Erklären Sie es.
   B. Betrachten Sie Vers 28. Wie passt der hier erwähnte Gedanke zum Bild vom Haus Gottes?
3. Lesen Sie Psalm 90,1-2.
   A. Was erscheint Ihnen in diesen Versen besonders wichtig?
   B. Welche Wünsche richtet Mose im Rest des Psalms an Gott (siehe insbesondere die Verse 12-17)?
4. Lesen Sie 1. Thessalonicher 5,17-18; Römer 12,12; Epheser 6,18-20; Hebräer 13,15; 18-19; Kolosser 4,2-4; Philipper 4,6-7.
   A. Was lernen Sie in jedem dieser Verse über das Gebet?
   B. In welchem Zusammenhang steht der Aufbau des Vaterunsers zu den oben genannten Stellen?

Gebet

1. Lesen Sie in dieser Woche das Vaterunser in Matthäus 6,9-13 mindestens einmal am Tag. Lesen Sie es ganz bewusst, damit Sie seinen Reichtum und seine Wahrheit in sich aufnehmen. Nehmen Sie sich dann die Zeit, über die Angelegenheiten Ihres Lebens auf der Grundlage dieses Gebets betend nachzudenken.
2. Setzen Sie sich mit einem Blatt Papier und einem Stift hin und nehmen Sie das Vaterunser Satz um Satz »auseinander«. Teilen Sie das Gebet in Einheiten, die Ihnen sinnvoll erscheinen – »Unser Vater«, zum Beispiel oder »Geheiligt werde dein Name« –, und schreiben Sie auf, welche Bedeutung diese Einheit für Sie hat. Nehmen Sie sich dann die Zeit, das ganze Gebet zu beten

und ziehen dabei insbesondere in Betracht, was Sie zu den verschiedenen Teilen aufgeschrieben haben.

Das Wohnzimmer
Kapitel 2: Wenn Ihr Herz einen Vater braucht

Zum Nachdenken

1. Sie sind vielleicht bereit, nicht mehr Gottes Kind zu sein. Aber
   Gott ist nicht bereit, nicht mehr Ihr Vater zu sein.
   A. Waren Sie je an diesem Punkt? Aus welchem Grund kann
   man sich wünschen, nicht mehr Gottes Kind zu sein?
   B. Woher wissen wir, dass Gott nicht darauf verzichtet, weiterhin unser Vater zu sein? Wie würden Sie versuchen, es
   jemandem zu erklären, der meint, dieser Gedanke sei zu
   schön, um wahr zu sein?
2. »Unser Vater« erinnert uns daran, dass wir in Gottes Haus willkommen sind, weil wir vom Hausbesitzer adoptiert wurden.
   A. Fühlen Sie sich in Gottes Haus willkommen? Wenn ja, warum?
   Wenn nein, warum nicht?
   B. Was ist wichtig an der Tatsache, dass wir durch Adoption
   Teil von Gottes Familie werden? Warum benutzt die Bibel
   das Bild der Adoption?
3. Gott hat Sie adoptiert, einfach, weil er es wollte. Er liebt Sie und
   hat Freude an Ihnen.
   A. Warum will Gott Ihrer Meinung nach jemanden wie uns
   adoptieren? Was handelt er sich damit ein?
   B. In welcher Weise sind alle Christen (auch Sie) von Gott ge-
   wollt und seine Freude? Glauben Sie das? Versuchen Sie es
   zu erklären.
4. Unser Gott ist kein »Schönwetter-Vater«. Er ist zuverlässig. Ich
   kann mich darauf verlassen, dass er auf meiner Seite steht,
   egal, wie ich mich verhalte. Auch Sie können sich darauf verlassen.
   A. Warum ist es wichtig zu wissen, dass Gott uns nie verlassen
   wird? Welche Auswirkungen hat dieses Wissen für Sie?
   B. Fühlen Sie immer, dass Gott auf Ihrer Seite steht? Können
   Sie einen Grund für diese Gefühle angeben? Entsprechen

diese Gefühle den Tatsachen? Wie können wir mit ihnen umgehen?

Vorbereitung

1. Denken Sie über den Ausdruck »Unser Vater« nach.
   A. Was vermittelt Ihnen dieser Ausdruck? Welche Gefühle erweckt er in Ihnen? Welches Bild ruft er vor Ihrem inneren Auge hervor?
   B. In welcher Hinsicht ist Gott wie ein Vater?
2. Lesen Sie Lukas 15,11-32.
   A. Welches Vaterbild wird in dieser Geschichte dargestellt? Warum wollte Jesus Ihrer Meinung nach ein solches Bild malen?
   B. Welcher Gestalt in der Geschichte sind Sie am ähnlichsten? Warum?
   C. Warum ist Vers 20 ein besonders gutes Bild für unseren himmlischen Vater? Wie kann uns dieses Bild in unserem Gebetsleben helfen?
3. Lesen Sie Römer 8,15-17; Galater 4,4-7; Epheser 1,3-8.
   A. Wie wird nach diesen Bibelstellen jemand ein Kind Gottes?
   B. Welche Rechte und Privilegien bekommen Kinder Gottes laut dieser Texte?
   C. Welche Auswirkung sollte dieses Wissen auf unser Gebetsleben haben? Beeinflusst es die Art und Weise, wie Sie beten? Warum oder warum nicht?

Gebet

1. Verbringen Sie mindestens fünf Minuten alleine mit Gott und sprechen Sie mit ihm über nichts anderes als über das, was es für Sie bedeutet, sein Kind genannt zu werden.
2. Nehmen Sie eine Konkordanz und suchen Sie einige der über zweihundert Stellen heraus, in denen Gott im Neuen Testament »Vater« genannt wird. Wählen Sie zehn dieser Texte aus und beten Sie »an ihnen entlang«, indem Sie zu Gott über seine väter-

lichen Eigenschaften sprechen, wie Sie in den Versen beschrieben sind, die Sie ausgewählt haben.

Das Fundament
Kapitel 3: Wo Vertrauen beginnt

Zum Nachdenken

1. Gott ist das Fundament seines eigenen Hauses.
   A. Was bedeutet es, dass Gott das Fundament seines eigenen Hauses ist?
   B. Wie stabil wäre das Haus, wenn Gott nicht das Fundament wäre?
   C. Was würde geschehen, wenn das Haus Gottes auf das Fundament Ihrer eigenen Kraft gebaut wäre? Handeln wir manchmal so, als träfe dies zu?
2. Die Schlüsselfrage in unserem Leben lautet nicht: »Wie stark bin ich?«, sondern: »Wie stark ist Gott?«
   A. Warum ist das die Schlüsselfrage?
   B. Warum ist es so leicht, die obige Frage umzukehren? Tun Sie das manchmal? Wenn ja, was geschieht?
   C. Es geht bei dieser Frage um Ihre Beziehung zu Gott. Erklären Sie, warum das so ist, und beschreiben Sie, wie Sie in eine Beziehung zu ihm kamen. Wie würden Sie diese Beziehung beschreiben?
3. Wenn Sie über die Namen Gottes nachdenken, denken Sie über Gottes Wesen nach. Vergegenwärtigen Sie sich diese Namen und prägen Sie sie tief in Ihr Herz ein.
   A. Welcher der Namen Gottes bedeutet Ihnen am meisten? Warum?
   B. Wie prägt man die Namen Gottes in sein Herz ein? Was bedeutet das? Warum ist es wichtig?

Vorbereitung

1. Denken Sie über den Ausdruck »Unser Vater, der du bist« nach.
   A. Was bedeutet es für Sie, dass Gott »ist«?
   B. Wie würden Sie sich fühlen, wenn Gott nicht da wäre?
   C. Wie zeigt Gott Ihnen persönlich, dass er »ist«?

2. Lesen Sie Jesaja 6,1-4 und Offenbarung 4,6-11.
   A. Welche Eigenschaft Gottes ist in diesen beiden Stellen am auffallendsten? Beschreiben Sie dieses Merkmal mit eigenen Worten.
   B. Wie verhalten sich die Wesen, die Gott umgeben, in diesen Bibelstellen ihm gegenüber? Warum verhalten sie sich Gott gegenüber so?
   C. Warum ist es wichtig, diese Gedanken im Gedächtnis zu behalten, wenn wir zu unserem himmlischen Vater beten?

3. Denken Sie über die folgenden Schriftstellen nach, die verschiedene Namen Gottes nennen. In welcher Hinsicht ist jeder wichtig? Stellen Sie für jeden dieser Namen fest, in welchen Lebensumständen dieses Merkmal besonders passend erscheint:
   A. 1. Mose 1,1: Elohim (Gott der Schöpfer)
   B. 1. Mose 48,15: Jahwe-raah (der liebevolle Hirte)
   C. 1. Mose 22,7-8: Jahwe-jireh (der Herr, der sorgt)
   D. Richter 6,24: Jahwe-shalom (der Herr ist Friede)
   E. 2. Mose 15,26: Jahwe-rophe (der Herr, dein Arzt)
   F. 2. Mose 17,8-16: Jahwe-nissi (der Herr, mein Banner).

Gebet

1. Bekennen Sie Gott Ihre Schwächen. Seien Sie konkret – bekennen Sie zum Beispiel Ihre Reizbarkeit oder Ihren Stolz oder Ihre Zuneigung zu Dingen anstatt zu Menschen. Dann nehmen Sie sich doppelt so lange Zeit, um Gott für seine Kraft und Treue Ihnen gegenüber zu preisen. Danken Sie ihm, dass er Sie durch das Blut seines Sohnes gereinigt und dass er Sie in seine Familie aufgenommen hat.

2. Suchen Sie einen der oben aufgezählten Namen Gottes aus und denken einen ganzen Tag lang über diesen Namen nach. Schreiben Sie sich den dazugehörenden Vers auf eine Karte und schauen Sie ihn im Laufe des Tages immer wieder an. Bevor Sie zu Bett gehen, preisen Sie Gott, dass er Ihnen diese Seite seines Wesens deutlich gemacht hat, und danken ihm, dass er seinem Namen gemäß handelt.

Die Sternwarte
Kapitel 4: Himmlische Zuneigung

Zum Nachdenken

1. Gott wohnt in einem anderen Bereich. Er wohnt in einer anderen Dimension.
   A. Inwieweit wohnt Gott in einem anderen Bereich und in einer anderen Dimension als wir?
   B. Wie kann Gott uns eine Hilfe sein, wenn er nicht bei uns wohnt?
2. Wollen Sie wissen, wer Gott ist? Dann schauen Sie an, was er gemacht hat.
   A. Wollen Sie überhaupt wissen, wer Gott ist? Warum oder warum nicht? Wie ändert sich dadurch die Sachlage?
   B. Wie erkennen wir, wer Gott ist, wenn wir sehen, was er gemacht hat? Wer, würden Sie sagen, ist Gott aufgrund dessen, was Sie sehen?
3. Verbringen Sie einige Zeit in der »Werkstatt des Himmels« und betrachten Sie, was Gott getan hat; Sie werden entdecken, wie Ihre Gebete mit Kraft erfüllt werden.
   A. Warum soll ein Zusammenhang bestehen zwischen dem Betrachten der Sterne und der Kraft des Gebetslebens eines Menschen? Besteht dieser Zusammenhang in Ihrem Leben? Inwiefern?
   B. Wann haben Sie das letzte Mal mehrere Minuten lang den Himmel beobachtet? Könnten Sie das heute Nacht tun?
4. Wenn Sie das nächste Mal einen Sonnenuntergang atemberaubend finden oder wenn eine Blumenwiese Sie sprachlos macht, dann bleiben Sie still. Sagen Sie nichts, sondern lauschen Sie,

wie der Himmel flüstert: »Gefällt es dir? Ich habe es für dich gemacht.«
A. Warum ist Schweigen oft die angemessene Antwort, wenn man von Staunen erfüllt ist?
B. Denken Sie, Gott hätte die Welt so schön erschaffen, wenn Sie der einzige Mensch auf Erden wären? Erklären Sie, was Sie dazu denken.

Vorbereitung

1. Denken Sie über den Ausdruck »Unser Vater, der du bist im Himmel« nach.
   A. Haben Sie manchmal den Eindruck, dass Gott fern von Ihnen ist, weil er ja im Himmel ist?
   B. Welchen Gewinn bringt es, einen Gott »im Himmel« zu haben?
2. Lesen Sie 1. Korinther 1,25.
   A. Welcher Vergleich wird in diesem Vers gezogen? Was soll dadurch vermittelt werden?
   B. Wie sollte dieser Vers unser Vertrauen im Gebet stärken?
3. Lesen Sie Jesaja 55,8-9.
   A. Welcher Vergleich wird in diesem Vers gezogen? Was soll dadurch vermittelt werden?
   B. Warum sollte dieser Vers unser Vertrauen im Gebet stärken?
4. Lesen Sie Psalm 19,1-6.
   A. Was erzählt uns, laut dieser Bibelstelle, das Universum von Gott?
5. Was hat David über Gott erfahren, als er das Universum betrachtete? Glauben Sie, dieses Wissen hat sein Gebetsleben gefördert oder behindert?

Gebet

1. Nehmen Sie sich in der nächsten wolkenlosen Nacht eine halbe Stunde Zeit und staunen Sie den Himmel an. Was sehen Sie? Versuchen Sie, die Sterne zu zählen. Nachdem Sie eine Zeit

lang die Herrlichkeit des Himmels auf sich haben einwirken
lassen, loben Sie Gott für das, was Sie gesehen haben. Preisen Sie ihn für seine Macht, seine Weisheit, seine Gnade und
seine Liebe. Danken Sie ihm, dass Sie Augen haben, um seine Schöpfung zu sehen, und einen Verstand, mit dem Sie ein
bisschen davon begreifen können. Richten Sie Ihre Gedanken
auf seine Herrlichkeit, seine Majestät, seine Pracht und seine
Macht. Feiern Sie fröhlich Gott den Allmächtigen!

2. Lesen Sie Offenbarung 21-22,6. Denken Sie daran, dass in dieser Bibelstelle Gottes Wohnort beschrieben wird, der ja nur
seine Majestät und seine Größe widerspiegelt. Preisen Sie ihn,
dass er einen so herrlichen Ort geschaffen hat, an dem wir die
Ewigkeit mit ihm verbringen werden. Lesen Sie diesen Abschnitt betend und danken Sie ihm für seine Freundlichkeit,
dass er ein solch wunderbares ewiges Zuhause für uns vorbereitet hat.

Die Kapelle
Kapitel 5: Wo der Mensch die Hand auf seinen Mund legt

Zum Nachdenken

1. Es gibt Momente, in denen Worte nur stören ... in denen Schweigen die höchste Ehrerbietung ausdrückt. Das Wort für solche
Zeiten ist Ehrfurcht. Das Gebet für solche Zeiten lautet:»Geheiligt werde dein Name.«

   A. Was bedeutet »Ehrfurcht« für Sie? Warum wird Ehrfurcht
   mit Schweigen in Verbindung gebracht?

   B. Wie »heiligt« man Gottes Namen? Und umgekehrt, wie ent-
   heiligt man ihn? Haben Sie in der vergangenen Woche eines
   von beiden öfter als das andere getan?

2. Gott sagt zu Hiob: Sobald du fähig bist, einfache Dinge
   zu erledigen, wie etwa Sterne an ihren Platz zu stellen
   und den Strauß mit einem langen Hals auszustatten, werden wir uns über Leid und Schmerz unterhalten. Aber
   bis es so weit ist, können wir auf deinen Kommentar verzichten.

A. Denken Sie, dass Sie an Hiobs Stelle so wie er reagiert hätten? Warum oder warum nicht?

B. Fordern Sie in schwierigen Zeiten Antworten von Gott? Wenn er auf Ihre Fragen antwortete, was würde er wohl sagen?

3. Wenn Sie Ihren Blick auf Gott richten, dann konzentrieren Sie sich auf den, der größer ist als jeder Sturm, den das Leben bringen mag.

A. Wie kann man seinen Blick auf Gott richten? Was ist die Folge davon?

B. Wie hilft uns ein auf Gott gerichteter Blick inmitten der Stürme des Lebens? Haben Sie persönliche Beispiele dafür?

Vorbereitung

1. Denken Sie über den Ausdruck »Geheiligt werde dein Name« nach.

A. Wie »heiligt« man etwas?

B. In welcher Beziehung steht der Begriff »heiligen« zum Wort »heilig«?

2. Lesen Sie Hiob 38,3-18.

A. Worauf will Gott mit all seinen Fragen hinaus? Was soll Hiob lernen?

B. Wie hätten Sie wohl reagiert, wenn Sie an diesem Punkt der Geschichte an Hiobs Stelle gewesen wären? Warum?

C. Was lernen Sie aus dieser Bibelstelle über Gott?

3. Lesen Sie Hiob 40,4-5; 42,1-6.

A. Wie reagierte Hiob auf Gottes Reden? War diese Reaktion angemessen? Warum?

B. Was hat Hiob schließlich über Gott gelernt? Wie hat dies seine Einstellung zu dem, was geschehen war, geändert?

C. Antwortet Gott in all seinen Reden auf Hiobs Fragen? Was ist daran bedeutend?

4. Lesen Sie Psalm 46,11.

A. Wozu werden wir in diesem Vers aufgefordert? Worin liegt der Grund für diese Aufforderung?

B. Fällt es uns leicht, dieser Aufforderung nachzukommen? Warum oder warum nicht? Was entgeht uns, wenn wir sie nicht beachten?

Gebet

1. Machen Sie einen langen, gemächlichen Spaziergang an einem Ort, an dem Sie mit Gott alleine sein und sich am Werk seiner Hände freuen können. Bewundern Sie schweigend sein Werk und seine Kreativität. Achten Sie auf alles, was Sie umgibt – Farben, Gerüche, Formen, das unermesslich Große und das winzig Kleine seiner Schöpfung. Brechen Sie dann am Ende Ihres Spaziergangs Ihr Schweigen und danken Sie ihm sowohl für die Schönheit seiner Schöpfung als auch dafür, dass Sie spazieren gehen und alles in sich aufnehmen können. Sprechen Sie ehrerbietig und liebevoll zu ihm und versuchen Sie, während Ihres Gebets ihn um nichts zu bitten.
2. Lesen Sie langsam und aufmerksam Hiob 38-41. Versuchen Sie, soweit möglich, sich die Geheimnisse auszumalen, die Gott beschreibt. Versuchen Sie auch, sich in Hiobs Lage zu versetzen – wie würden Sie sich fühlen, wenn Gott Ihnen eine solch gewaltige Botschaft verkünden würde? Verbringen Sie eine Zeit lang schweigend mit Gott alleine und lassen Sie seine Majestät und Herrlichkeit auf sich wirken.

Der Thron
Kapitel 6: Das Herz des Königs berühren

Zum Nachdenken

1. Wenn Sie sagen: »Dein Reich komme«, dann laden Sie den Messias selbst in Ihre Welt ein ... Das ist keine schwache Bitte; es ist ein kühner Aufruf an Gott, jeden Winkel Ihres Lebens zu besetzen.
   A. Haben Sie schon den Messias in Ihre Welt eingeladen? Wenn ja, wie? Wenn nein, warum nicht?
   B. Besetzt Gott in diesem Moment »jeden Winkel Ihres Le-

bens«? Erklären Sie das. Wenn nicht, möchten Sie gerne, dass er das tut?

2. Für Haman ist das Blutbad kluge, selbstsüchtige Berechnung, für Satan geht es ums Überleben. Er wird alles tun, um die Gegenwart Jesu in der Welt zu verhindern.
   A. Warum ging es für Satan bei seinem Plan, die Juden auszulöschen,»ums Überleben«? Was stand für ihn auf dem Spiel?
   B. Wie versucht Satan Ihrer Meinung nach heute die Gegenwart Jesu in der Welt zu verhindern? Wie tut er es in Ihrem Umfeld?

3. Gottes Reich kommt tatsächlich, wenn wir darum bitten, dass es kommt! Alle Himmelsbewohner eilen uns zu Hilfe.
   A. Was würde geschehen, wenn Gottes Reich an Ihren Arbeitsplatz käme?
   B. Wie eilen uns die Himmelsbewohner zu Hilfe, wenn wir bitten, dass Gottes Reich kommt? Haben Sie jemals dafür gebetet, dass sein Reich kommt, und es ist, wie es scheint, nicht geschehen? Was können wir daraus schließen?

Vorbereitung

1. Denken Sie über den Ausdruck »Dein Reich komme« nach.
   A. Was fällt Ihnen ein, wenn Sie an das Kommen des Reiches Gottes denken?
   B. Warum sollten wir Ihrer Meinung nach um das Kommen des Reiches Gottes beten?

2. Lesen Sie Ester 3-9.
   A. Von welchem Unheil wurde Gottes Volk bedroht? Wer hat dies zu Wege gebracht? Wie hat er es zu Wege gebracht?
   B. Wie hat Gott diese schrecklichen Umstände ins Gegenteil verkehrt? Wie wurde das Schlechte in etwas Gutes verwandelt?
   C. Welche Rolle spielte Ester in diesem Drama? Welche Rolle spielte Mordechai? Was war die Rolle des Königs? Wer war vom Text her gesehen die Hauptperson?
   D. Suchen Sie für jedes dieser sieben Kapitel einen Schlüsselvers aus. Warum sind Ihrer Meinung nach die Verse, die Sie

ausgewählt haben, von Bedeutung? Was lernen Sie aus ihnen?
  E. Beachten Sie, dass Ester das einzige Buch der Bibel ist, in dem Gott nicht namentlich genannt wird. Können Sie ihn trotzdem in diesem Buch erkennen? Erklären Sie es.
3. Lesen Sie Hebräer 4,14-16.
  A. Welchen Titel erhält Jesus in diesem Abschnitt? Was sagt uns dieser Titel über sein Werk für uns?
  B. Welche Gründe zeigt uns diese Bibelstelle dafür, dass wir uns darauf verlassen können, dass Jesus uns helfen will und kann (siehe insbesondere Vers 15).
  C. Welche Schlussfolgerung wird in Vers 16 aufgrund der Aussagen von Vers 14-15 gezogen? Machen Sie davon Gebrauch? Warum oder warum nicht?
4. Lesen Sie Hebräer 12,28.
  A. Was für ein »Reich« sollen wir empfangen? Inwieweit ist dies von Bedeutung?
  B. Wie sieht Ihre Antwort auf dieses Versprechen aus?
  C. Wie wird Gott in diesem Vers beschrieben? Denken Sie oft in dieser Weise an ihn? Versuchen Sie es zu erklären.

Gebet

1. Suchen Sie in einer Konkordanz nach dem Wort »Reich« im Matthäusevangelium (es gibt über fünfzig Verweisstellen). Nehmen Sie dann Ihre Bibel, lesen Sie jeden dieser Verse und versuchen Sie dabei, einen allgemeinen Überblick über das zu bekommen, was hier das Reich Gottes genannt wird. Halten Sie beim Lesen oft inne und beten über das, was Ihnen dabei deutlich wird. Denken Sie daran, dass Sie zum König des Reiches beten!
2. Nehmen Sie sich Zeit, Gott zu bitten, jeden Winkel Ihres Lebens zu besetzen. Welche »Winkel« enthalten Sie ihm noch vor? Finanzen? Beziehungen? Arbeit? Schule? Freizeit? Seien Sie so ehrlich wie möglich mit sich selbst und machen Sie eine Bestandsaufnahme Ihres Lebens. Laden Sie dann den König ein, in jedem Bereich die Herrschaft zu übernehmen.

Das Studierzimmer
Kapitel 7: Wie Gott seinen Willen erkennen lässt

Zum Nachdenken

1. Gott hat einen Plan und dieser Plan ist gut. Die Frage ist, wie wir zu diesem Plan Zugang bekommen.
   A. Glauben Sie, dass Gott einen Plan für Sie hat? Wenn ja, warum? Wenn nein, warum nicht?
   B. Wie bekommen Sie Zugang zu Gottes Plan für Ihr Leben?
2. Wenn Sie beten:»Dein Wille geschehe«, dann suchen Sie das Herz Gottes.
   A. Warum zeigt das Gebet »Dein Wille geschehe«, dass wir Gottes Herz suchen? Wie verändert uns dieses Gebet?
   B. Wie würden Sie einem Nichtchristen das »Herz Gottes« beschreiben?
3. Gottes allgemeiner Wille gibt uns Richtlinien, die uns helfen, seinen speziellen Willen für unser persönliches Leben zu verstehen.
   A. Was gehört zu Gottes »allgemeinem« Willen? Was gehört zu Gottes »speziellem« Willen?
   B. Wie hilft uns Gottes allgemeiner Wille, Gottes speziellen Willen zu erkennen? In welcher Beziehung stehen diese beiden »Willen« zueinander? Denken Sie, sein spezieller Wille widerspricht manchmal seinem allgemeinen Willen oder lässt ihn außer Acht? Erklären Sie das.
4. Wollen Sie Gottes Willen für Ihr Leben erkennen? Dann beantworten Sie sich die Frage: »Wofür brennt mein Herz?« Das Feuer in Ihrem Herzen ist das Licht auf Ihrem Weg. Wenn Sie es außer Acht lassen, schaden Sie sich selbst.
   A. Wollen Sie Gottes Willen für Ihr persönliches Leben erkennen? Wenn er Ihnen in diesem Augenblick konkret und hörbar zeigt, was sein Wille für Sie ist, wären Sie dann bereit, ihn zu tun, egal, worum es geht?
   B. Wofür brennt Ihr Herz? Was erfüllt Sie mit Begeisterung? Was könnte diese Begeisterung mit Gottes Willen für Ihr Leben zu tun haben? Inwieweit sollte man bei der Verknüpfung dieser beiden Dinge Vorsicht walten lassen?

Vorbereitung

1. Denken Sie über den Ausdruck »Dein Wille geschehe« nach.
   A. Was wissen Sie bereits über Gottes Willen für Sie? Steckt darin für Sie manchmal auch ein Konflikt?
   B. Fällt es Ihnen leicht oder schwer, sich dem Willen Gottes zu unterwerfen? Inwieweit?
2. Gott bedient sich verschiedener Wege, um uns seinen Willen erkennen zu lassen:
   • Durch das Volk Gottes
   • Durch das Wort Gottes
   • Durch die Gegenwart Gottes
   • Durch das Feuer Gottes
   A. Erklären Sie mit eigenen Worten, wie jeder dieser Wege aussieht.
   B. Welchen dieser Wege beschreiten Sie am häufigsten? Welchen meiden Sie vielleicht? Was muss sich eventuell ändern, damit alle vier Wege dazu dienen können, dass Sie Gottes Willen erkennen?
3. Lesen Sie Lukas 24,13-35.
   A. Worüber sprachen die beiden Männer auf dem Weg nach Emmaus? Wie würden Sie ihr Verhalten beschreiben?
   B. Wie trat Jesus mit den Männern in Kontakt? Warum, meinen Sie, sprach er sie auf diese Weise an und nicht direkter?
   C. Wie erkannten die Männer schließlich Jesus? Was ist daran bedeutsam?
   D. Wie reagierten die Männer auf diese Begegnung? In welcher Hinsicht ist dies ein Vorbild für uns?
4. Lesen Sie Matthäus 7,21; 10,29; Johannes 6,40; Apostelgeschichte 18,21; Römer 12,2; Epheser 5,17-21; 1. Thessalonicher 4,3-8; 5,18.
   A. Was erfahren Sie aus diesen Bibelstellen über Gottes Willen?
   B. Wie wichtig ist es Ihnen, das, was Sie vom Willen Gottes bereits erkannt haben, in die Praxis umzusetzen? Nehmen Sie sich Zeit, ihn zu bitten, dass er Ihnen hilft, seinen Willen zu erfüllen, was immer das auch für Sie bedeuten mag.

1. Schlagen Sie in einer Konkordanz das Wort »Wille« nach und halten Sie insbesondere Ausschau nach Versen, die etwas über den Willen Gottes sagen. Erstellen Sie eine Liste der Stellen, in denen in erster Linie Gottes Wille für alle seine Kinder erwähnt wird. Beten Sie dann über dieser Liste. Danken Sie Gott, dass er Ihnen oft schon hilft, seinen Willen zu tun, und bitten Sie ihn um Kraft für die Gebiete, in denen Sie damit Schwierigkeiten haben.
2. Oft wissen wir nicht genau, was Gottes Wille für uns ist. Dann müssen wir dem Beispiel von Jesus im Garten Gethsemane folgen und dem Herrn unsere Bitte vorbringen und dann unser Gebet mit den Worten schließen: »Doch nicht mein Wille, sondern dein Wille geschehe.« Wenn es in Ihrem Leben eine solche Situation gibt, dann bringen Sie sie im Gebet vor Gott.

Der Heizkessel
Kapitel 8: Weil jemand betete

Zum Nachdenken

1. Gott handelt, wenn Menschen beten. Jesus schaute tief in den Rachen des Todes und rief Lazarus ins Leben zurück – alles, weil jemand betete.
   A. Glauben Sie, dass Gebet das Handeln Gottes auslösen kann?
   B. Was denken Sie, wäre wohl geschehen, wenn niemand Jesus vom Zustand seines Freundes berichtet hätte?
2. Die Macht des Gebetes hängt nicht von dem ab, der das Gebet spricht, sondern von dem, der das Gebet hört.
   A. Glauben Sie, dass Lucado mit dieser Aussage Recht hat? Warum oder warum nicht?
   B. Hat die Persönlichkeit des Menschen, der betet, keinen Einfluss auf die Macht des Gebetes?
3. Ein Ruf und die Truppe des Himmels erscheint. Ihr Gebet auf der Erde setzt Gottes Macht im Himmel in Bewegung und »Gottes Wille geschieht hier auf der Erde genauso wie im Himmel«.

A. Wie würde Ihre Umgebung aussehen, wenn Gottes Wille hier genauso wie im Himmel geschehen würde? Welche Rolle spielen Sie eventuell dabei, dass dies eintritt?

B. Wenn es stimmt, dass nach »einem Ruf die Truppe des Himmels erscheint«, warum werden wir dann in der Bibel so oft aufgefordert, »ohne Unterlass« zu beten?

4. Sie gehören zu Gottes Reich. Sie haben Zugang zu »Gottes Heizkessel«. Ihre Gebete geben Gott den Anstoß dazu, die Welt zu verändern.

A. Wie oft benutzen Sie Ihren Zugang zu Gottes Heizkessel? Sind Sie damit zufrieden? Wenn nicht, was wäre erforderlich, um dies zu verändern?

B. Nehmen Sie sich etwas Zeit, um über einige Ihrer Gebete nachzudenken, die geholfen haben, »die Welt zu verändern«, zumindest Ihren kleinen Teil der Welt.

Vorbereitung

1. Denken Sie über den Ausdruck »auf der Erde genauso wie im Himmel« nach.

A. Wie geschieht Gottes Wille im Himmel? Ungern? Widerwillig? Murrend? Wie erfüllen die Engel Gottes Willen?

B. Wie erfüllen Sie im Allgemeinen Gottes Willen auf der Erde? Kann man sagen, dass Sie Gottes Willen so erfüllen, wie dies im Himmel geschieht?

2. Lesen Sie Johannes 11,1-44.

A. Geben Sie die Geschichte mit eigenen Worten wieder.

B. Wie reagiert Jesus, als er von Lazarus' Krankheit erfährt? Hätten Sie eine solche Reaktion erwartet? Haben seine Jünger eine solche Reaktion erwartet?

C. Wie verhielten sich Maria und Martha Jesus gegenüber, als er endlich in ihre Stadt kam? Wie reagierte er darauf?

D. Warum hat Jesus Ihrer Meinung nach gewartet, um dieses Wunder zu tun (siehe insbesondere die Verse 15, 40 und 42)?

E. Was lernen wir daraus über den Willen Gottes?

3. Lesen Sie Offenbarung 8,1-5.

A. Beschreiben Sie, was in diesem Abschnitt geschieht.

B. Wird in diesem Text ein Grund für das Schweigen des Himmels angegeben? Wenn ja, welcher?

C. Was lernen Sie in diesem Abschnitt über das Gebet?

Gebet

1. Schlagen Sie in einer Konkordanz das Wort »hören« in den Psalmen nach. Achten Sie darauf, wie oft die Psalmisten erklären, dass Gott Ihre Gebete hört, und wie oft Sie ihn anflehen, ihre Gebete zu hören. Benutzen Sie die Psalmen als Vorlage für Ihre eigenen Gebete, danken Sie Gott, dass er Sie hört, und bringen Sie alle Ihre Anliegen vor ihn.

2. Prüfen Sie die Bereiche Ihres Lebens, in denen Sie Menschen und Dinge beeinflussen. Wenn Gottes Wille in diesen Bereichen nicht so geschieht, wie dies im Himmel geschehen würde, bitten Sie Gott um Hilfe, das zu verbessern. Wenn es in diesen Bereichen klappt, danken Sie Gott, dass er Sie fähig macht, seinen Willen zu tun.

Die Küche
Kapitel 9: Gottes reicher Tisch

Zum Nachdenken

1. Gott ist kein lebensfremder Guru, der nur an Mystischem und Transzendentem interessiert ist. Die Hand, die Ihre Seele leitet, gibt auch Ihrem Körper Nahrung.

   A. Kennen Sie Menschen, die Gott nur für einen »lebensfremden Guru« halten? Wenn ja, wie verhalten sie sich Gott gegenüber? Was tun sie? Was tun sie nicht?

   B. Haben Sie manchmal die Neigung zu denken, das »Mystische und Transzendente« sei wichtiger (oder frömmer) als »Nahrung für Ihren Körper«? Woran mag das liegen? Was sagt Gott darüber?

2. Wenn Sie Jesu Beispiel beim Beten gefolgt sind, haben Sie sich in erster Linie mit seiner Anbetung und nicht mit Ihrem Ma-

gen beschäftigt. Die ersten drei Bitten stellen Gott in den Mittelpunkt, nicht das Ich.

A. Was bedeutet es, sich in erster Linie mit Gottes Anbetung und nicht mit seinem Magen zu beschäftigen? Wie kommt man so weit?

B. Was wollte Jesus Ihrer Meinung nach im Vaterunser aufzeigen, als er in den ersten drei Bitten Gott und nicht das Ich in den Mittelpunkt stellte? Folgen Ihre eigenen Gebete diesem Beispiel? Wenn nicht, warum nicht?

3. Gott lebt mit der selbst gestellten Aufgabe, für die Seinen zu sorgen, und Sie müssen zugeben, dass er bisher seine Arbeit recht ordentlich gemacht hat.

A. Wie hat Gott in der vergangenen Woche für Sie gesorgt? Im vergangenen Monat? Im vergangenen Jahr? Seit Sie Christ sind?

B. Ändert sich Ihr Leben durch das Wissen, dass Gott versprochen hat, für Sie zu sorgen? Warum oder warum nicht?

4. Im Haus Gottes bereitet der die Mahlzeit zu, der für die Nahrung sorgt.

A. Was bedeutet das? Was ist daran wichtig?

B. Wie hat Gott »die Mahlzeit für Sie zubereitet«? Nennen Sie ein Beispiel.

Vorbereitung

1. Denken Sie über den Ausdruck »Unser tägliches Brot gib uns heute« nach.

A. Was ist, Ihrer Meinung nach, in dem Begriff »tägliches Brot« enthalten?

B. Warum fordert uns Gott auf, jeden Tag um das zu bitten, was wir an diesem Tag brauchen?

2. Denken Sie über die zwei Regeln nach, die wir beachten sollen, wenn wir um unser tägliches Brot bitten:

• Bitte, sei nicht schüchtern!
• Vertraue dem Koch.

A. Sind Sie manchmal »schüchtern«, wenn Sie Gott um etwas bitten? Wenn ja, warum?

B. Warum ist es so wichtig, »dem Koch zu vertrauen«? Woran erkennt man, dass wir manchmal dem Koch nicht vertrauen?

3. Lesen Sie Psalm 37,3-6.

   A. Welcher Rat wird uns hier für die Sorge um unser tägliches Brot gegeben?

   B. Welches Versprechen wird uns hier gegeben?

4. Lesen Sie Matthäus 6,25-34.

   A. Welcher Rat wird uns hier für die Sorge um unser tägliches Brot gegeben?

   B. Welche Bilder werden gebraucht, um uns Gottes Handeln verständlicher zu machen?

   C. Welches Versprechen wird uns gegeben, wenn wir Gottes Anweisungen folgen?

Gebet

1. Welche besonderen Bedürfnisse haben Sie heute? Erstellen Sie eine Liste der dringlichen Bedürfnisse (nicht Ihrer speziellen Wünsche, sondern Ihrer Bedürfnisse), die Sie in diesem Augenblick haben, und verbringen Sie genügend Zeit mit Ihrem Herrn, indem Sie ihn bitten, die besonderen Bedürfnisse, die Sie vor ihn bringen, zu befriedigen. Danken Sie ihm dann dafür, dass er Sie hört, und vertrauen Sie darauf, dass er tut, was er sagt.

2. Achten Sie darauf, dass in dem Vers von »unseren« täglichen Bedürfnissen die Rede ist. Welche Bedürfnisse haben die Menschen, die Sie lieben, Ihre Kollegen oder nahe stehende Bekannte? Erstellen Sie eine Liste dieser Bedürfnisse und beten Sie konkret, dass Gott jedes dieser Bedürfnisse stillt. Wenn Sie mit dem Gebet zu Ende sind, teilen Sie den betroffenen Menschen mit, dass Sie für sie gebetet haben, und bitten Sie sie, Ihnen zu sagen, wenn Gott Ihr Gebet erhört hat.

Das Dach
Kapitel 10: Unter Gottes Gnade

Zum Nachdenken

1. In Gottes Haus sind Sie vom Dach seiner Gnade gedeckt.
   A. Was verstehen Sie unter dem Begriff »Gnade«?
   B. Wie werden Sie von Gnade »gedeckt«? In welcher Hinsicht ist ein Dach ein gutes Bild für Gnade? Wie wurden Sie dadurch in der vergangenen Woche geschützt?
2. Jeder von uns hätte dieses Konto überzogen, wenn Christus uns nicht mit seiner Gnade gedeckt hätte. Wenn es um Gerechtigkeit vor Gott geht, hätten wir ungenügende Deckung. Unzulängliche Heiligkeit.
   A. Gab es eine Zeit, in der Sie dachten, Sie hätten genügend Kapital zur Deckung Ihrer geistlichen Bedürfnisse? Wenn ja, beschreiben Sie diese Zeit. Was hat Sie gegebenenfalls davon überzeugt, dass Sie sich irrten?
   B. Wie viel Heiligkeit würden wir brauchen, um in Gottes Gegenwart treten zu können? Wie können wir eine solche Heiligkeit erwerben?
3. Gott übernahm Ihre Schuld. Sie übernahmen sein Vermögen. Und das ist nicht alles. Er zahlte auch Ihre Strafe.
   A. Was bedeutet es, dass Gott Ihre Schuld übernahm? Wie geschah dies?
   B. Was bedeutete es, dass Sie Gottes Vermögen übernahmen? Wie geschah dies?
   C. Wie zahlte Gott Ihre Strafe?

Vorbereitung

1. Denken Sie über die Bitte »Vergib uns unsere Schuld« nach.
   A. Welche »Schulden« hatten Sie Gott gegenüber? Was schließt der Begriff »Schulden« ein?
   B. Haben Sie Gott um Vergebung Ihrer Schuld gebeten? Wenn ja, wie? Wenn nein, warum nicht?
   C. Wie kann Gott uns unsere Schuld vergeben?

2. In diesem Kapitel werden zwei Hauptgedanken herausgearbeitet:
   - Wir haben eine Schuld, die wir nicht bezahlen können.
   - Gott hat eine Schuld gezahlt, die er nicht schuldete.
   A. Worin besteht die Schuld, die wir nicht bezahlen können?
      Warum können wir sie nicht bezahlen?
   B. Warum hat Gott eine Schuld gezahlt, die er nicht schuldete?
      Wie bezahlte er sie?
3. Lesen Sie Jesaja 64,6 und Römer 3,23.
   A. Was sagen diese Verse über unsere Schuld gegenüber Gott?
   B. Was ist das Ergebnis dieser Schuld?
4. Lesen Sie Römer 4,5; 8,33; 2. Korinther 5,19-21; Galater 3,13; 1. Petrus 3,18.
   A. Wie ging, gemäß dieser Verse, Gott mit unserer Schuld um?
   B. Was müssen wir, gemäß dieser Verse, tun, um in den Genuss dessen zu kommen, was Gott für uns getan hat?

Gebet

1. Denken Sie über all das nach, was Christus durchgemacht hat, um uns zu erlösen. Lesen Sie dazu die Passionsgeschichte (Matthäus 26,36-28,15; Markus 14,32-16,8; Lukas 22,39-24,12; Johannes 18,1-20,9). Danken Sie ihm für seine Gnade und denken Sie dabei insbesondere daran, wie er Sie vor der gerechten Strafe für Ihre Sünden errettet hat.
2. Beten Sie für Menschen, von denen Sie wissen, dass sie Christus noch nicht kennen, damit auch sie die Freude über Gottes Vergebung kennen lernen. Nennen Sie diese Menschen konkret im Gebet und bitten Sie Gott, dass er eine Tür öffnet, damit seine Kinder – vielleicht Sie? – das Evangelium denen, die ihn noch nicht kennen, wirksam übermitteln können.

Die Diele

Kapitel 11: Wer Gnade erhalten hat, kann Gnade weitergeben

Zum Nachdenken

1. Der Umgang mit Schuld ist die Kernfrage Ihrer Lebensfreude. Schuld steht auch im Mittelpunkt des Gebets des Herrn.
   A. Warum ist der Umgang mit Schuld die Kernfrage der Lebensfreude eines Menschen?
   B. Warum ist im Mittelpunkt des Vaterunsers von Schuld die Rede?
   C. Wie gehen Sie im Allgemeinen mit den »Schulden« um, die andere Menschen bei Ihnen haben?
2. Die Beichte schafft nicht die Beziehung zu Gott, sie pflegt sie nur.
   A. Warum schafft die Beichte keine Beziehung zu Gott? Was bewirkt sie, wenn sie keine Beziehung zu Gott schafft?
   B. Wie »pflegt« die Beichte die Beziehung zu Gott? Fällt Ihnen die Beichte leicht oder schwer? Welche Gründe könnte das haben?
3. In jeder christlichen Gemeinschaft gibt es zwei Gruppen: die, die in ihrer Freude ansteckend sind, und die, die in ihrem Glauben schlecht gelaunt sind.
   A. Beschreiben Sie einen Menschen, den Sie kennen und der in seiner Freude ansteckend ist.
   B. Beschreiben Sie einen Menschen, den Sie kennen (ohne seinen Namen zu nennen), der in seinem Glauben schlecht gelaunt ist.
   C. Für welche Art Christ halten Sie sich selbst? Würden andere dem zustimmen?
4. Möchten Sie Gottes Großzügigkeit genießen? Dann seien Sie mit anderen großzügig.
   A. Wie können Sie in dieser Woche mit anderen großzügig sein?
   B. Wenn jemand Gottes Großzügigkeit anhand der Ihrigen beurteilt, was würde er denken?

Vorbereitung

1. Denken Sie über den Satz »Vergib uns unsere Schuld, wie auch wir denen vergeben haben, die an uns schuldig geworden sind« nach.
   A. Warum bereitet dieser Satz vielen Menschen Schwierigkeiten? Bereitet er Ihnen Schwierigkeiten? Wenn ja, warum?
   B. Wer sind die Menschen, die an Ihnen schuldig geworden sind? Haben Sie Ihnen vergeben? Wie geschah das?
2. Das Kapitel spricht vom »hohen Preis des Abrechnens«. Was erfahren wir in den folgenden Texten über diesen hohen Preis?
   A. Matthäus 18,21-35
   B. Matthäus 6,14-15
   C. Galater 5,14-15
3. Lesen Sie Lukas 6,37-38.
   A. Was sollen wir gemäß dieses Textes nicht tun?
   B. Was sollen wir gemäß dieses Textes tun?
   C. Was ist das Ergebnis unseres Gehorsams? Was ist das Ergebnis unseres Ungehorsams?

Gebet

1. Fällt es Ihnen schwer, einem bestimmten Menschen in Ihrem Leben zu vergeben? Wenn ja, bekennen Sie es dem Herrn. Schildern Sie ihm Ihre Gefühle, ohne zu versuchen, sie zu rechtfertigen. Bitten Sie ihn um die Kraft, das zu tun, was er, wie Sie glauben, von Ihnen verlangt: diesem Menschen zu vergeben. Bekennen Sie, dass Sie es aus eigener Kraft nicht können und dass Sie vielleicht sogar mit dem Wunsch Schwierigkeiten haben, diesem Menschen, der Sie verletzt hat, zu vergeben. Bringen Sie das alles vor den Herrn und lassen Sie es zu, dass er Sie zu dem Punkt führt, den Sie erreichen müssen.
2. Gibt es einen Menschen, dem es schwer fällt, Ihnen etwas zu vergeben? Wenn ja, bitten Sie den Herrn, Ihnen zu helfen, diesen Menschen um Vergebung zu bitten, wie schwer das auch immer sein mag. Beten Sie um Gottes Kraft und Leitung und gehen dann zu dem Menschen und versuchen, Ihre Probleme zu bereinigen. Streben Sie nach Frieden.

Das Familienzimmer
Kapitel 12: Zusammen leben lernen

Zum Nachdenken

1. Wir beten nicht zu meinem Vater, bitten nicht um mein tägliches Brot und bitten Gott nicht, meine Sünden zu vergeben. Im Haus Gottes sprechen wir in der Mehrzahl: »unser Vater«, »unser tägliches Brot«, »unsere Schuld«, »unsere Schuldiger«, »führe uns nicht in Versuchung« und »erlöse uns«.
   A. Warum betonte Jesus in diesem Gebet die Mehrzahl?
   B. Prüfen Sie Ihr eigenes Gebetsleben. Würden Sie sagen, es ist mehr geprägt von »Ich-Gebeten« als von »Wir-Gebeten«? Erklären Sie das.
2. Wir alle brauchen einen Vater ... Wir sind Bettler, die Brot brauchen ... Wir sind Sünder, die Gnade brauchen.
   A. Was brauchen Sie vor allen Dingen von Ihrem Vater? Warum?
   B. Welche Art »Brot« brauchen Sie heute am nötigsten? Erklären Sie es.
   C. Welche Form von Gnade brauchen Sie in diesem Augenblick am nötigsten? Warum bitten Sie Gott nicht, sie Ihnen gerade jetzt zu schenken?
3. In Gottes Haus leben wir manchmal unter einem Dach mit Menschen, die wir nicht mögen.
   A. Mit welcher Art Menschen kommen Sie am schwersten zurecht? Warum? Wie gehen Sie mit diesen Menschen um?
   B. Beschreiben Sie eine Zeit, in der Sie Gott baten, Ihnen zu helfen, mit jemandem, den Sie nicht mochten, zurechtzukommen. Was geschah?

Vorbereitung

1. Denken Sie über den Ausdruck »uns« und »unser« nach.
   A. Warum, denken Sie, lehrte Jesus uns, in der Mehrzahl und nicht in der Einzahl zu beten?

B. Machen Sie es sich zur Gewohnheit, für andere und nicht nur für sich zu beten, oder haben Sie damit Schwierigkeiten?
2. Wir alle brauchen mindestens drei Dinge:
- Wir sind Kinder, die einen Vater brauchen.
- Wir sind Bettler, die Brot brauchen.
- Wir sind Sünder, die Gnade brauchen.
A. Wie hat Gott gezeigt, dass er ein Vater für Sie ist?
B. In welcher Hinsicht erkennen Sie, dass Sie ein Bettler sind, der Brot braucht?
C. Wie zeigen Sie, dass Sie ein Sünder sind, der Gnade braucht?
3. Lesen Sie Römer 12,14-21.
A. Welche Anweisungen gibt uns dieser Text für das Leben mit anderen?
B. Was finden Sie in diesem Abschnitt am schwierigsten zu verwirklichen? Warum?
4. Lesen Sie Römer 14,10-13.
A. Welche Faustregel gibt Paulus uns hier für das Zusammenleben mit anderen Gläubigen? Welcher Grund steht hinter dieser Faustregel?
B. Welche Begründung gibt Paulus in Vers 11 dafür, dass wir seinen Anweisungen gehorchen sollen? Ist das etwas, woran Sie oft denken? Sollten Sie oft daran denken?

Gebet

1. Setzen Sie sich an einem Abend mit einigen Ihrer engsten christlichen Freunde zusammen und beten Sie gemeinsam eine Stunde lang – mit einer Bedingung: Vereinbaren Sie, dass jeder für die anderen betet und dass niemand für sich selbst betet.
2. Beten Sie alleine für die Menschen und die verschiedenen Dienste in Ihrer Gemeinde. Beten Sie um Führung, um Schutz, um Kraft, dass Gottes Geist Sie alle in seiner Liebe, seiner Wahrheit und seinem Dienst leitet. Versuchen Sie, nicht viel für Ihre eigenen Angelegenheiten zu beten, sondern konzentrieren Sie sich auf die Menschen, die mit Ihnen in Ihrer Gemeinde in Christus wachsen.

Die Mauern
Kapitel 13: Satan, der Diener Gottes

Zum Nachdenken

1. Jedes Mal, wenn Satan für das Böse einen Punkt gewinnen will, gewinnt er einen Punkt für das Gute. Jedes Mal, wenn er plant, dem Reich Gottes entgegenzuarbeiten, bringt er es voran.
   A. Nennen Sie einige Beispiele aus der Bibel, die diese Aussage veranschaulichen.
   B. Beschreiben Sie einige Ereignisse aus Ihrem eigenen Leben, die die Wahrheit der oben genannten Aussagen bestätigen.
2. Satan kann sich brüsten und protzen, doch Gott behält das letzte Wort.
   A. Wie »brüstet sich und protzt« Satan? Wie tut er das in Ihrem Leben?
   B. Wie wichtig ist es zu wissen, dass Gott das letzte Wort behält? Welche praktischen Auswirkungen hat das auf unser Leben?
3. Alle Engel, einschließlich Satan, stehen tiefer als Gott. Und das erstaunt Sie vielleicht: Satan ist immer noch ein Diener Gottes.
   A. Warum ist es wichtig zu wissen, dass die Engel tiefer stehen als Gott? Was würde geschehen, wenn dies nicht der Fall wäre?
   B. In welcher Hinsicht ist Satan ein Diener Gottes?
4. Satan kann die Mauern, die das Haus Gottes umgeben, nicht überwinden, er kann sie nicht durchdringen. Er hat überhaupt keine Macht, außer der Macht, die Gott ihm zugesteht.
   A. Was sind die »Mauern«, die das Haus Gottes umgeben? Woraus bestehen sie?
   B. Warum, denken Sie, gibt Gott Satan überhaupt Macht?

Vorbereitung

1. Denken Sie über den Ausdruck »Führe uns nicht in Versuchung, sondern erlöse uns von dem Bösen« nach.
   A. Warum sollen wir darum bitten, dass Gott uns nicht in Ver-

suchung führt? Besteht eine solche Gefahr überhaupt? Wenn nicht, was ist der Zweck dieser Bitte des Vaterunsers?

    B. Wie hat Gott Sie im vergangenen Jahr »von dem Bösen erlöst«?

2. Lucado sagt, Gott benutzt Satan hauptsächlich auf dreierlei Weise:
   - Um die Gläubigen zu läutern.
   - Um die Schlafenden aufzuwecken.
   - Um die Gemeinde zu lehren.

    A. Wie »läutert« Satan die Gläubigen? Wie wurde er benutzt, um Sie zu läutern?

    B. Wie weckt Satan die Schlafenden auf? Wer sind die Schlafenden? Wie tut er das Ihrer Erfahrung nach?

    C. Satan scheint ein guter Lehrer für die christliche Gemeinde zu sein. Was bedeutet es, dass er benutzt werden kann, um die christliche Gemeinde zu lehren? Welche Lektionen hat Ihre eigene Gemeinde von ihm gelernt?

3. Lesen Sie Jesaja 14,12-15 und Hesekiel 27,12-17.

    A. Was sagen uns diese Stellen über die Verwandlung Satans in einen Engel der Finsternis?

    B. Was war laut Hesekiel die größte Sünde Satans? Wie ist diese Sünde immer noch eine mächtige Falle für uns?

4. Lesen Sie Johannes 19,1-16.

    A. Wer hatte vom menschlichen Standpunkt her gesehen die Situation in der Hand? Wer hatte sie wirklich in der Hand? Woher wissen Sie das?

    B. Beachten Sie insbesondere die Worte von Jesus in Vers 11. Was sagt er zu Pilatus? Inwieweit gelten seine Worte in gleicher Weise für alle »Adoptivkinder« Gottes?

Gebet

1. Worin bestehen die größten Versuchungen in Ihrem Leben? Wie gehen Sie mit ihnen um? Lesen Sie 1. Korinther 10,12-13: Bitten Sie Gott, Ihnen die Kraft und die Weisheit zu geben, mit den Versuchungen, die in Ihr Leben treten, so umzugehen, wie es Gott gefällt. Bitten Sie ihn, Sie immer wieder daran zu erinnern, dass Flucht die beste Reaktion ist (2. Timotheus 2,22).

Bitten Sie ihn, Sie fähig zu machen, das zu tun, was ihm am meisten zur Ehre gereicht. Danken Sie ihm für seinen Schutz und sein wachsames Auge.

2. Denken Sie zurück, auf wie viele Weisen Gott Sie »von dem Bösen erlöst hat«, seit Sie Christ geworden sind. Zählen Sie Beispiele auf, danken Sie Gott für seine Macht und preisen Sie ihn für seine Kraft und Güte. Bitten Sie ihn dann, Sie weiterhin von Versuchungen und Prüfungen, die Ihnen zwangsläufig begegnen, zu erlösen.

Die Kapelle
Kapitel 14: Auf Gottes Kraft vertrauen

Zum Nachdenken

1. Die Kapelle ist der einzige Raum im Haus Gottes, den wir zweimal besuchen ... Es tut uns doppelt so gut, über Gott nachzudenken wie über irgendjemand anderen oder irgendetwas anderes. Gott will, dass wir unsere Gebete mit Gedanken an ihn beginnen und beenden.
   A. Warum möchte Gott, dass wir die »Kapelle« und keinen anderen Raum zweimal besuchen? Was ist an der Kapelle so Besonderes?
   B. Beginnen und beenden Sie normalerweise Ihre Gebete mit Gedanken an Gott? Wenn nicht, wie können Sie Ihre Gebetspraxis ändern? Warum sollten Sie das tun?
2. Solange unsere Augen auf Gottes Majestät gerichtet sind, kommen wir beschwingt voran. Doch sobald wir unser Augenmerk auf den Schmutz unter uns lenken, nörgeln wir wegen jedem Stein und wegen jeder Felsspalte auf dem Weg.
   A. Warum kommen wir »beschwingt« voran, wenn wir auf Gottes Majestät schauen? Warum verleiht uns das neue Energie?
   B. Was bedeutet es, »unser Augenmerk auf den Schmutz unter uns zu lenken«? Warum geschieht das so leicht? Wie können wir uns dazu bringen, dass wir aufhören, auf »Schmutz« zu schauen und unsere Augen stattdessen auf Gott zu richten?

3. Sie sind nicht dazu geschaffen, ein Königreich zu regieren, und niemand erwartet von Ihnen, dass Sie allmächtig sind. Und sicherlich können Sie auch nicht mit all dem Ruhm umgehen.
   A. In welcher Hinsicht verhalten wir uns manchmal so, als seien wir dazu geschaffen, ein Königreich zu regieren? Als seien wir allmächtig?
   B. Warum können wir nicht mit all dem Ruhm umgehen? Wer kann es, wenn wir es nicht können? Und worin besteht der große Unterschied zwischen ihm und uns?
4. Wenn Sie bekennen, dass Gott der Chef ist, geben Sie zu, dass Sie es nicht sind.
   A. Wie leicht oder schwer fällt es Ihnen einzuräumen, dass Gott der Chef ist und nicht Sie?
   B. Wie können wir praktisch einräumen, dass wir nicht der Chef sind, und bekennen, dass Gott es ist?

Vorbereitung

1. Denken Sie über den Ausdruck nach: »Denn dein ist das Reich und die Kraft und die Herrlichkeit in Ewigkeit. Amen.«
   A. Inwieweit ist das ein angemessener Schluss für das Vaterunser?
   B. Wie lenken die drei Hauptbegriffe – »Reich«, »Kraft« und »Herrlichkeit« – unsere Aufmerksamkeit noch einmal auf Gott? Was sagt Ihnen jeder dieser Begriffe?
2. Lesen Sie Kolosser 3,1-4.
   A. Worauf sollen wir gemäß dieses Abschnitts unsere Gedanken konzentrieren?
   B. Aus welchem Grund sollen wir das tun?
   C. Welches Versprechen wird in Vers 4 gegeben?
3. Lesen Sie Hebräer 12,2-3.
   A. Worauf sollen wir gemäß dieses Abschnitts unsere Augen gerichtet halten? Warum?
   B. Was geschieht gemäß Vers 3, wenn wir dieser Aufforderung nicht nachkommen? Haben Sie schon einmal solche Folgen erlebt? Erklären Sie das.
4. Lesen Sie 1. Korinther 2,9.
   A. Welcher Art Gott dienen wir gemäß dieses Verses?

B. Wie reagieren Sie auf die Größe von Gottes Liebe, wie sie in diesem Vers ausgedrückt wird? Welche Gefühle erweckt dieser Vers in Ihnen? Zu welchem Tun werden Sie dadurch bewegt?

Gebet

Legen Sie Händels Messias auf und hören Sie sich das Halleluja an. Lauschen Sie aufmerksam auf den Text und lassen Sie die kraftvolle, erhebende Musik auf sich wirken. Loben Sie Gott für das, was er ist, und danken Sie ihm für alles, was er für Sie getan hat. Danken Sie ihm, dass er weiterhin ein mächtiger, herrlicher König in Ihrem Leben sein wird und dass eines Tages seine Macht, seine Herrlichkeit und sein Reich vor dem gesamten Universum offenbar sein werden.

Das Haus Gottes
Kapitel 15: Ein Zuhause für Ihr Herz

Zum Nachdenken

1. Wenn Sie sich von Gott eine Sache wünschen könnten, worum würden Sie bitten?
   A. Beantworten Sie diese Frage. Warum würden Sie um diese Sache bitten?
   B. Hätte Ihre Bitte vor zehn Jahren anders gelautet? Erklären Sie es.
2. David sehnt sich danach, in der Atmosphäre, in dem Bewusstsein zu leben, dass er in Gottes Haus ist, egal, wo er sich befindet.
   A. Haben Sie dieselbe Sehnsucht wie David? Wenn ja, wie drücken Sie diese Sehnsucht aus? Wenn nicht, warum nicht?
   B. Beschreiben Sie den außergewöhnlichsten Ort, an dem Sie im Haus Gottes waren. Was geschah?
3. Tag um Tag lerne ich, im Haus Gottes zu leben.
   A. Leben jetzt Sie mehr als vor fünf Jahren im Haus Gottes? Erklären Sie es.

B. Was ist so wichtig an dem Ausdruck »Tag um Tag«? Was ist in der obigen Aussage so wichtig an dem Ausdruck »ich lerne«? Was besagen diese beiden Dinge über das Leben im Haus Gottes? Inwieweit sollte dies eine Ermutigung für uns alle sein?

Vorbereitung

1. In welcher Hinsicht ist Gott ein »Zuhause für Ihr Herz«? Wie hilft Ihnen das Vaterunser, in diesem Zuhause zu leben?
2. Lesen Sie Psalm 27,1-5.
   A. Welche Behauptungen stellt David in diesem Abschnitt auf?
   B. Was sagt uns dieser Abschnitt über Davids tiefste Wünsche?
   C. Was können Sie von Davids Beispiel lernen?
3. Lesen Sie Johannes 14,23.
   A. Was wird gemäß dieses Verses von uns verlangt, damit wir bei Gott wohnen können?
   B. Welches Versprechen wird hier abgegeben? Haben Sie dieses Versprechen für sich in Anspruch genommen?
4. Lesen Sie Apostelgeschichte 17,28.
   A. Was sagt uns dieser Vers über eine Beziehung zu Gott? Haben Sie eine solche Beziehung? Wenn ja, beschreiben Sie sie.
   B. Was bedeutet »in Gott leben«? Was bedeutet »in Gott handeln«? Was bedeutet »in Gott sein«? Was bedeutet es, Gottes »Nachkommen« zu sein?
   C. Inwiefern ist dieser Vers eine passende Zusammenfassung des Hauptgedankens dieses Buches?

Gebet

Lesen Sie noch einmal das ganze Vaterunser (Matthäus 6,9-13). Denken Sie beim Lesen über die verschiedenen »Räume« nach, die dort vorkommen. Beten Sie dann dieses Gebet und betreten dabei jeden Raum und setzen jeden der Räume in Beziehung zu den Ereignissen, Herausforderungen und Siegen Ihres Lebens. Beginnen Sie mit Lobpreis und enden Sie mit Lobpreis und bringen Sie dazwischen Ihre dringendsten Anliegen vor Gott, sowohl für sich selbst als auch für andere.

hänssler

Max Lucado

Es geht nicht um mich
Gottes Herrlichkeit reflektiert

Hc., 135 x 205 mm, 120 S.,
Nr. 394.024, ISBN 3-7751-4024-7

Ein neues Thema beherrscht dieses Buch des Bestseller-Autors:
Nicht mehr der liebe Gott, der verzeiht, sich nähert, sich kümmert ist die Botschaft, sondern der allmächtige, ewige Gott, um
den sich das Universum dreht. Lucado macht deutlich: Nicht
wir stehen im Mittelpunkt der Geschichte, sondern Gott. Nicht
um uns dreht sich das Weltgeschehen, sondern allein um Gott.
Er ist das Zentrum, der Anfang und das Ende. Wenn Gott auf
das Zentrum des Universums schaut, sieht er nicht uns, sondern Jesus. Gott liebt uns über alles und aus diesem Grund
starb Jesus am Kreuz. Aber wir sind nicht der Mittelpunkt, um
den er sich dreht.
Sicher enthält dieses Buch eine provokante Botschaft – doch
eine, die frei macht. Frei von Selbstverliebtheit und Egozentrik.
Frei zu einem Leben, das Gottes Verherrlichung in den Mittelpunkt stellt und sein Lob zum Lebensziel erklärt. Frei zu der
Gabe, sich füllen zu lassen von Gottes Geist.

*Bitte fragen Sie in Ihrer Buchhandlung nach diesem Buch!
Oder schreiben Sie an den Hänssler Verlag,
D-71087 Holzgerlingen.*

hänssler

Max Lucado
Du bist einmalig
Gb., 22,5 x 25,5 cm, 32 S., farbig ill., Schutzumschlag,
Nr. 394.061, ISBN 3-7751-4061-1

Max Lucado erzählt die Geschichte der Wemmicks, eines kleines
Volkes von Holzpuppen, die von einem Holzschnitzer erschaf-
fen wurden. Die Hauptbeschäftigung der Wemmicks besteht da-
rin, sich gegenseitig Sternchen für gutes Verhalten, Erfolge oder
Schönheit zu geben, oder graue Punkte für schlechtes Benehmen,
Ungeschicklichkeit oder Hässlichkeit ...
Max Lucado will mit dieser Geschichte deutlich machen, dass der
Wert eines Menschen nicht von anderen Menschen bestimmt wird,
sondern von seinem Schöpfer und wie wichtig es ist, sich darin
nicht von anderen beeinflussen zu lassen.
Freuen Sie sich auf eine wunderschöne Geschichte mit tiefgrün-
digem Inhalt.

Bitte fragen Sie in Ihrer Buchhandlung nach diesem Buch!
Oder schreiben Sie an den Hänssler Verlag,
D-71087 Holzgerlingen.